RUNEN

Ein Leitfaden für Anfänger zur Wahrsagerei und zum Runenlesen

Taylor Turner

CONTENTS

Einführung   1

Kapitel Eins: Was sind Runen?   2

Kapitel Zwei: Die Geschichte der Runen   7

Drittes Kapitel: Die Verwendung von Runen   13

Viertes Kapitel: Eigene Runen herstellen   19

Kapitel Fünf: Älteres Futhark   32

Sechstes Kapitel: Runenmagie   61

Kapitel Sieben: Wahrsagen und Runenlesen   69

Letzte Worte   79

EINFÜHRUNG

Die Runen haben eine reiche Geschichte der Mystik, die mit ihren Ursprüngen in der nordischen Mythologie verwoben ist und nicht davon getrennt werden kann. Selbst die Götter verstanden die Bedeutung der Symbole nicht, als sie zum ersten Mal mit ihrer Verwendung konfrontiert wurden, und bemühten sich sehr, die Geheimnisse dieser Formen zu ergründen.

Diese Symbole haben mehr Bedeutung als nur eine Form, die einen Klang in Schriftform darstellt, und können eine starke Magie ausüben, wenn sie zum Zaubern und Wahrsagen verwendet werden. In den folgenden Kapiteln werden wir die tieferen Bedeutungen der Runen erforschen. Sie werden bald entdecken, wie sie mit nordischen Gottheiten verbunden sind und welche größeren Assoziationen sie zur Natur haben.

Sie werden auch lernen, wie man ein Set von Gießrunen herstellt und verschiedene Möglichkeiten kennenlernen, wie man sie für die Herstellung von Amuletten, Schutzzaubern und Wahrsagerei verwenden kann. Ganz gleich, ob du Runen in zeremoniellen Ritualen als Teil einer heidnischen Religionspraxis verwendest, ob du Geschichte studierst und etwas über den kulturellen Einfluss der germanischen Stämme erfahren möchtest oder ob du dich einfach nur auf die magischen und divinatorischen Aspekte konzentrierst, dieser Leitfaden wird dir alles erklären, was du wissen musst. Lasst uns eintauchen!

KAPITEL EINS: WAS SIND RUNEN?

Runen sind ein vorchristliches germanisches Stammesalphabet und eine nordische heidnische Symbolik. Runen wurden sowohl für die schriftliche Kommunikation (wenn auch in begrenztem Umfang) als auch für die Zauberei verwendet.

Der Begriff "Rune" hat mehrere Bedeutungen:

Die Runen bezeichnen die spezifische Art des Alphabets, das die Formen bilden. So wie das Kyrillische und das Lateinische die Arten von Buchstabenformen bezeichnen, die in ihren jeweiligen Alphabeten enthalten sind.

Rune bedeutet ein Symbol mit einer geheimnisvollen oder magischen Bedeutung.

Rune bezieht sich auf kleine Stücke, die mit den genannten Symbolen beschriftet oder markiert sind.

Das Wort selbst hat sich aus dem altnordischen *run* entwickelt. Die im modernen Englisch verwendete Variante, rune, hat sich gegenüber der altenglischen Form nicht wesentlich verändert. Die altdeutschen, dänischen, keltischen und sogar walisischen Formen des Wortes sind alle eng mit *run* oder *rune* verwandt. Und alle haben ähnliche Bedeutungen von geheimen, mysteriösen, magischen Zeichen.

Der vielschichtige Aspekt des Begriffs spiegelt einfach die vielschichtige Bedeutung der einzelnen Symbole wider. Auf einer Ebene sind die Symbole einfach Formen, die verwendet werden, um ein Stück Sprache zu vermitteln - eine visuelle Darstellung von Klang. Auf einer anderen Ebene hat jedes Symbol eine Beziehung zu einem bestimmten Gott innerhalb des nordischen Pantheons und Assoziationen mit der Natur. Wiederum auf einer anderen Ebene birgt jedes Symbol eine tiefere magische Absicht.

Beeinflussung des Schicksals

Runen werden seit jeher mit dem Schicksal in Verbindung gebracht und als eine Möglichkeit angesehen, das Schicksal umzulenken oder zu beeinflussen.

In der nordischen Mythologie wurde der Weltenbaum, Yggdrasil, von drei jungfräulichen Riesinnen, den Nornen, gehütet. Sie hießen Urd, Verdandi und Skuld, Namen, die *"Schicksal", "werden"* und *"Zukunft" bedeuten*. Die Nornen lebten an den Ufern des Brunnens des Wyrd oder des Schicksals und ähneln den Schicksalen aus anderen Mythologien insofern, als es drei von ihnen gab, sie häufig in verschiedenen Altersstufen dargestellt werden: als Jugendliche, Erwachsene und Alte, und sie webten Fäden, die die Zukunft eines Menschen beeinflussten.

Sie waren hoch geachtet und mit Schwangerschaft und Geburt verbunden. Die Nornen waren bei jeder Geburt anwesend, wo sie das Schicksal des Kindes bestimmten und seinen Lebensfaden maßen. Als Ritual zu Ehren der Nornen wurde den Frauen bei der ersten Mahlzeit nach der Geburt ein besonderer Brei zubereitet.

Jeden Morgen sammelten die Nornen feuchte Erde und Lehm von den Rändern des Brunnens und bestrichen damit die Wurzeln und die Rinde von Yggdrasil, um den Baum von allen Schäden zu heilen und zu verhindern, dass er zu faulen begann. Sie ritzten auch Symbole in den Lehm und die Rinde des Baumes als

Zeichen für Schutz und Gesundheit und um das Schicksal des Baumes und aller Wesen, die in den Neun Reichen lebten, zu lenken. Diese Symbole waren die Runen.

Runen waren eine gemeißelte Sprache, bei der die Botschaften in die Oberfläche eingeschrieben wurden, anstatt mit Tinte auf Pergament geschrieben zu werden. Die scharfen, kantigen Formen spiegeln diese Art des Schnitzens wider, mit Linien, die an einen Meißelbart erinnern. Runen wurden in Holz, Stein, Metall und Knochen eingemeißelt. Falls es altnordische Formen von geschriebenen Runen gab (Tinte auf Pergament oder einer anderen Oberfläche), haben sie nicht überlebt oder müssen erst noch entdeckt werden. Die frühesten historischen Beispiele für geschriebene Runen auf Pergament stammen aus dem neunten Jahrhundert und wurden erst im dreizehnten Jahrhundert wieder aufgegriffen, als man sich für die Dokumentation der wikingerzeitlichen Poesie interessierte.

Unser Wissen über die Bedeutung der einzelnen Runen stammt aus den Runengedichten, die im Mittelalter niedergeschrieben wurden. Auch die *Poetische Edda*, eine umfangreiche Quelle der nordischen und Wikinger-Mythologie aus Island, wurde in dieser Zeit niedergeschrieben. Es ist wichtig zu wissen, dass diese Gedichte höchstwahrscheinlich aus einer langen mündlichen Tradition stammen und ihr tatsächliches Alter und ihre Entstehungszeit unbekannt sind. Der genaue Zweck dieser Gedichte ist ebenfalls unbekannt, aber sie dienten höchstwahrscheinlich als Gedächtnisstütze für das Erlernen der Futharks.

Die germanische Weltanschauung beinhaltete, dass das Aussprechen eines Gedankens diesen Gedanken zu einem Teil der Realität machte. Man konnte den Ausgang von Ereignissen beeinflussen, indem man Absichten und gewünschte Ergebnisse aussprach. Im Grunde schufen Worte die Realität.

Das Schreiben fixiert einen Gedanken oder (das Konzept eines) Geräusches an einem Ort, so dass andere es miterleben können, auch wenn sie nicht am selben Ort oder zur selben Zeit wie die Person sind, die spricht. Wenn Worte die Realität erschaffen und das Schreiben diese Realität an einem Ort fixiert, ist das Schreiben von Natur aus magisch. So sind auch Runen von Natur aus magisch.

Futharks

Runen gehören zu Gruppen, die Futharks genannt werden. So wie sich der Begriff Alphabet von den ersten beiden Buchstaben des griechischen Alphabets - *Alpha* und *Beta* - ableitet, ist der Begriff Futhark aus den ersten sechs Runenbuchstaben - *feoh, ur, thorn, ansur, rad* und *ken* - entstanden.

Das Elder Futhark wurde mit geringen Formabweichungen etwa 300 Jahre lang verwendet. Es gibt vierundzwanzig Runenformen im Elder Futhark. (Das angelsächsische Futhark erschien auf den Britischen Inseln und ist wahrscheinlich über Friesland gekommen. Das angelsächsische Futhark fügte Formen hinzu. Zu den ursprünglich vierundzwanzig Runen kamen im Laufe der Zeit neun weitere Runen hinzu, so dass das Futhark heute dreiunddreißig Symbole umfasst.

Das Jüngere Futhark, das sich in den skandinavischen Ländern entwickelte, war während der Wikingerzeit (800-1200 v. Chr.) beliebt und hat weniger Runenformen. Mit nur sechzehn Symbolen, aber mehr Variationen pro Symbol, stehen viele der einzelnen Runen für mehr als einen Laut. Die Wikingerzeit brachte einen weit verbreiteten Handel und eine zunehmende Alphabetisierung mit sich. Das Jüngere Futhark, das in dieser Zeit in Schweden, Norwegen, Dänemark und Island verwendet wurde, wurde als das Alphabet der Normannen bekannt.

Das Übersetzen von Runenritzungen kann sich als schwierig erweisen, da es keine festen Regeln für die Zusammensetzung zu geben scheint. Runen können von links nach rechts oder von rechts nach links geschrieben sein - manchmal sogar in ein und derselben Gravur! Runen wurden auch spiegelverkehrt geschrieben, aber nie auf dem Kopf stehend. Runen haben keine Groß- und Kleinschreibung, um den Anfang von Wörtern oder Sätzen zu unterscheiden, und es gab keine Konventionen für Leerzeichen zwischen Wörtern oder Sätzen. Gelegentlich wurden Runen auch zu Ligaturen kombiniert. Einige Schnitzer fügten einen Punkt oder sogar eine Reihe von übereinanderliegenden Punkten zwischen den Wörtern ein, aber diese Praxis war in den Regionen, die Runen verwendeten, nicht einheitlich.

KAPITEL ZWEI: DIE GESCHICHTE DER RUNEN

Odin entdeckt die Bedeutungen der Runen

Odin, dem Allvater, wird zugeschrieben, dass er die Geheimnisse der Runen gelüftet und den Menschen dieses Wissen vermittelt hat. In der nordischen Mythologie haben die Runen schon immer existiert, wurden aber von den Göttern nicht verstanden. Ihre Bedeutungen waren geheimnisvoll, und man wusste, dass sie magische Kräfte besaßen.

Das *Rúnatal*, eine Passage aus dem altnordischen Gedicht *Hávamál* (13. Jahrhundert n. Chr., das wahrscheinlich auf eine mündliche Überlieferung aus der Zeit vor der Wikingerzeit zurückgeht), ist die Geschichte, wie Odin die Geheimnisse der Runen erlernte.

Das nordische Pantheon umfasst zwei Götterstämme, die Äsir und die Vanir. Odin war der Herrscher der Aesir-Götter und galt als einer der führenden Götter des nordischen Pantheons. Er war ein Gott des Krieges, der Poesie und des Todes. Er bevorzugte diejenigen, die sich durch Intelligenz, Kreativität und Kompetenz auszeichneten, und war der Schutzgott sowohl von Geächteten als auch von Herrschern. Er interessierte sich nicht für Gerechtigkeit oder Konventionen, sondern zog Magie und Gerissenheit vor. Als Kriegsgott interessierte er sich nicht für den glorreichen Zweck einer Schlacht, sondern für das Chaos des Kampfes. Berserker - Krieger, die während der Schlacht in einen verrückten Zustand tierischen Wahnsinns geraten - galten als Odins Männer.

Odin war dafür bekannt, dass er aus Eigeninteresse lange Zeit von Asgard abwesend war. Er war besessen davon, Wissen, Weisheit und magische Macht zu erlangen.

Die Götter Asgards versammelten sich zu Ratssitzungen um den Wyrdbrunnen am Fuße von Yggdrasil. Mimir - selbst kein Gott, möglicherweise ein Riese oder ein Wesen der Zeit - war ein Berater der Götter und lebte am Brunnen von Wyrd. Das Wasser des Brunnens sollte kosmisches Wissen enthalten, das jedem, der daraus trank, zuteil werden sollte. Odin stach sein eigenes Auge aus und opferte es, um aus Mimirs Brunnen trinken zu können, was zeigt, wie besessen er vom Erwerb von Wissen war.

Als Gottheit ist Odin voller Widersprüche. Ihm folgen diejenigen, die Würde und Adel suchen, doch er war selbstsüchtig und heuchlerisch. Es ist passend, dass er der Allvater genannt wird; er war nicht nur der Vater aller Götter, sondern galt auch als die göttliche Kraft des Lebens selbst.

Im Zentrum des nordischen Universums steht der Weltenbaum, Yggdrasil. Die *Poetische Edda* beschreibt Yggdrasil als einen mächtigen Eschenbaum, höher als die Wolken, schneebedeckt wie die Berge und mit heftigen Winden, die um seine hohen Äste peitschen. Unter seinen Ästen und Wurzeln befinden sich die neun Reiche der Götter, Menschen und anderer Wesen. Asgard, die Heimat der Götter der Asen, befand sich hoch oben in den Ästen. Die Wurzeln von Yggdrasil verliefen durch Midgard, das Reich der Menschen, Jotunheim, das Reich der Riesen, und tief in die Unterwelt.

Seine Wurzeln und Äste beherbergten magische Tiere und Wesen. Nidhogg, ein Drache, lebte zwischen den Wurzeln mit mehreren Schlangen. Ratatosk, ein Eichhörnchen, lief am Stamm auf und ab und in den Ästen herum. Vier Hirsche, Dainn, Dvalinn, Duneyrr und Durathror, lebten in den Zweigen. Und ein Adler flog über den Baum und nistete in den höchsten Ästen. Auch eine Ziege, Heidrun genannt, lebte unter ihnen. All diese Geschöpfe ernährten sich von den Blättern und der Rinde von Yggdrasil.

Die Nornen, drei Jungfrauen, die zwischen den Wurzeln und um den Wyrd-Brunnen lebten, kümmerten sich um Yggdrasil. Sie bestrichen die Rinde mit Lehm und ritzten Symbole ein, um den Baum zu schützen und ihn gesund und stark zu halten und so den Baum im Zentrum ihres Universums zu bewahren. Diese Zeichen prägten auch das Schicksal der Menschen, die in den Neun Reichen lebten.

Als Odin die Zeichen sah, die die Nornen auf Yggdrasil gemacht hatten, wollte er wissen, was sie bedeuteten. Die Zeichen, die die Nornen machten, waren die Runen. Die Bedeutung der Runen würde nur denjenigen offenbart werden, die sich als würdig erwiesen. Odin beschloss, dass er die geheimnisvollen Bedeutungen dieser Symbole kennen musste, und war sogar bereit, für diese Information zu sterben. Er hatte bereits bewiesen, dass er bereit war, in seinem Streben nach Weisheit viel zu opfern, da er zuvor ein Auge gegeben hatte.

Er opferte sich dem Baum, indem er sich an den Ästen aufhängte und sich mit seinem Speer durchbohrte. Er verbot jede Hilfe von anderen Göttern und nahm kein Wasser. Neun Tage lang hing er und starrte in die Tiefe des Brunnens. Gegen Ende seines Leidensweges und an der Schwelle zum wahren Tod wurden ihm die Formen und tieferen Bedeutungen der Runen offenbart.

Es heißt, dass Odin mit der Kenntnis der Runen ihre Magie nutzen konnte, um Poesie zu schaffen, Verwundete und Kranke zu heilen, die Waffen von Feinden unbrauchbar zu machen, eine Geliebte zu verführen, zu beschützen und viele andere mächtige Taten zu vollbringen.

Historische Ursprünge

Es gibt heute viele Theorien über den Ursprung der Entwicklung und des Auftretens der Runenschriftform. Einige sehen die Ursprünge der Runen weit zurück in der Antike und vermuten eine Verbindung zu alten Zivilisationen. Die am meisten akzeptierten Theorien drehen sich um eine Vermischung von frühen germanischen Symbolen mit altitalischen Formen aus mediterranen Zivilisationen.

Runen werden seit jeher eng mit dem nordischen Gott Odin in Verbindung gebracht. Diese Verbindung könnte möglicherweise darauf zurückzuführen sein, dass Odin die Schutzgottheit der germanischen Stammeskrieger war. Diese militärisch kämpfenden Gruppen wären diejenigen gewesen, die auf Gruppen aus den südlichen Mittelmeerländern trafen. Somit wären diese Stammeskrieger die ersten Nordeuropäer gewesen, die mit der griechischen und altitalischen Schrift in Berührung kamen.

Schriftliche Schriften aus der Antike könnten die Entwicklung der Runen leicht beeinflusst haben, insbesondere weil sie ähnliche Formen hatten. Dazu gehören Phönizisch, Westgriechisch, Etruskisch und andere italienische Sprachen, einschließlich Altlatein.

Der möglicherweise erste Nachweis von Runen stammt aus dem Jahr 50 n. Chr. mit einer Inschrift auf einer Fibel, die jedoch nicht eindeutig ist und auch römisch sein könnte. Bestätigte Runeninschriften tauchen erst weitere hundert Jahre später, in der Mitte des zweiten Jahrhunderts, auf. Das früheste datierbare Auftreten einer Runeninschrift findet sich auf dem Vimose-Kamm aus Dänemark. Das früheste bekannte Auftauchen des vollständigen Älteren Futhark datiert ungefähr auf das Jahr 400 n. Chr. auf dem Runenstein von Kylver in Schweden. Es gibt weniger als 400 erhaltene Beispiele für die Verwendung des älteren Futhark.

Gab es frühere Beispiele für Runen? Möglicherweise. Wenn die Runen in organische Materialien wie Holz oder Knochen geritzt wurden, können die Historiker aufgrund des Verfalls dieser Materialien keine datierbaren Beispiele finden.

Zeitleiste

Im Folgenden finden Sie einen groben Zeitplan für das Auftreten und die Verwendung von Runen. Alle Daten sind ungefähre Angaben und stammen aus dem Common Era-CE.

Frühe germanische Eisenzeit *(vor 350)*

50- Meldorfer Fibel, möglicherweise erstes Auftreten von Runen - könnte lateinisch sein

160- 800 Älteres Futhark

160- Vimosekamm

400- Kylver-Stein - Runenstein mit dem gesamten Elder Futhark in der richtigen Reihenfolge eingemeißelt

Völkerwanderungszeit *(ca. 350 bis ca. 550)*

400-1000 Verwendung des angelsächsischen Futhark auf den Britischen Inseln

Vendelzeit/Merowingerzeit *(ca. 550 bis ca. 800)*

Mitte bis Ende der 700er Jahre Ankunft christlicher Missionare in Skandinavien

Wikingerzeit *(ca. 800 bis 1066)*

800- Verwendung des jüngeren Futhark in Skandinavien

Mitte der 800er Jahre listet *das Abecedarium Nordmannicum* Namen von Runen auf (unklar, ob es sich um ein Runengedicht handelt)

900- *Codex Vindobonensis 795* enthält angelsächsisches Runengedicht

976- Harald Bluetooth erhebt den Jelling-Stein, und Runensteine kommen in Mode

1017- Runen werden in England verboten

1066- Ende der Wikingerzeit mit Olof Skötkonung, dem letzten skandinavischen König, der zum Christentum übertritt

Mittelalter/Mittelalter und später

1200 - Norwegisches Runengedicht

1270- *Codex Regius* Manuskript der *Poetischen Edda*, einschließlich *Hávamál*

1400 - Isländische Runengedichte

1600 - die Kirche verbietet die Verwendung von Runen

DRITTES KAPITEL: DIE VERWENDUNG VON RUNEN

Die Verwendungsmöglichkeiten von Runen sind vielfältig und reichen von der Erzählung waghalsiger Taten und der Identifizierung von Eigentum bis hin zur Verleihung magischer Kräfte an Waffen und der Schaffung von Schutztalismanen. Ihre Verwendung als Schriftsprache umfasste sowohl das Weltliche als auch das Magische.

Die ersten Verwendungen von Runen waren einfach Namen auf Gegenständen, entweder um den Besitzer oder den Hersteller des Gegenstandes zu identifizieren. Runen, die zur Übermittlung von Botschaften verwendet wurden, wurden auf lange Stöcke, sogenannte Stäbe, geritzt. Während die Stäbe in den Geschichten für das Runenwerfen verwendet wurden, was durch erhaltene Relikte belegt wird, schienen andere zum Lernen verwendet zu werden, wobei das Jüngere Futhark in der Reihenfolge aufgelistet wurde, während einige Nachrichten wie I.O.U.s, Gebete und (etwas anzügliche) Liebesbotschaften trugen.

Runen sind auf Münzen und persönlichen Gegenständen wie Kämmen und Schmuck, einschließlich Broschen, Ringen und Gürteln, zu finden. Sie wurden auch auf Kisten und Waffen verwendet. Man hat Runen auf Holz, Walknochen, Geweihen und in Stein geschnitzt gefunden.

Runensteine

Das größte und wohl auch bekannteste Beispiel für die Verwendung von Runen sind Runensteine. Dabei handelt es sich um freistehende, mehrere Tonnen schwere Felsen, die mit Runen und Verzierungen versehen sind. Die Tradition der Gedenksteine wird in dem Gedicht *Hávamál* genannt, das die Geschichte erzählt, wie Odin die Bedeutung der Runen erlernte.

Runensteine tauchten bereits im vierten Jahrhundert auf, wurden aber erst in der Mitte des zehnten Jahrhunderts populär, als der dänische König Harald Bluetooth den Jelling-Stein zum Gedenken an seine Eltern aufstellen ließ. Die meisten Runensteine wurden zwischen Mitte der 900er Jahre und dem Ende der Wikingerzeit gehauen.

Es gibt über dreitausend Runensteine, von denen sich die meisten in Schweden befinden. 250 befinden sich in Dänemark, fünfzig in Norwegen und keiner in Island. Runensteine tauchten jedoch schon auf den Reisen der germanischen Stämme auf und wurden in der Nähe des Schwarzen Meeres im Osten und auf der Isle of Man im Westen gefunden.

Diese Gedenksteine waren dazu bestimmt, gesehen zu werden. Sie wiesen Schnitzereien auf mehreren Seiten auf und enthielten häufig dekorative Elemente von Tieren und Menschen. Die Schnitzereien waren mit leuchtenden Farben bemalt und wurden an Orten wie Wasserstraßen, Kreuzungen und Brücken aufgestellt, wo sie für die Menschen zugänglich waren.

Runensteine wurden errichtet, um an die großen Leistungen von Menschen zu erinnern. Die Steine wurden von reichen Familien errichtet, in der Regel von den überlebenden Ehepartnern und Kindern, um Ehemänner, Väter, Ehefrauen oder bemerkenswerte Mitglieder ihrer Stämme zu ehren. Häufig waren sie für die Toten bestimmt, aber sie waren keine Grabsteine. Runensteine waren nicht auf die Toten beschränkt, und auch die Lebenden stellten einen Stein auf, um sich ihrer Taten zu rühmen.

Die Inschriften folgten einem bestimmten Muster. Zunächst wurde der Auf-
traggeber des Steins genannt. Dann wird derjenige genannt, den der Stein ehrt,
und seine Taten und Leistungen - warum er gewürdigt wird. Häufig wurde dieser
Abschnitt in Versen verfasst. Manchmal wurde auch ein Gebet oder eine mys-
tische Passage für die Überführung der Toten in die nächste Welt oder beides
hinzugefügt. Schließlich wird auch der Name des Laufmeisters genannt. Als das
Christentum in der Wikingerzeit an Einfluss gewann, enthielten Runensteine
auch christliche Gebete.

Während die Verwendung von Runensteinen mit der Wikingerzeit endete, wurden Runeninschriften auf kleineren Gegenständen weiterhin verwendet. Die
christlichen Praktiken während der Wikingerzeit und danach haben nicht davon
abgehalten, Runen neben lateinischen Schriften auf symbolischen Gegenständen
wie Kreuzen und Särgen anzubringen. Es wird vermutet, dass dies aus einer
von zwei Perspektiven geschah. Erstens als Versuch, den nordischen Heiden den
Zugang zum Christentum zu erleichtern. Zum anderen wollten die nordischen
Heiden damit zeigen, dass sie mit den christlichen Lehren vertraut waren und
sie in der Hoffnung aufnahmen, dass die Kirche sie in Ruhe lassen würde. Die
Kombination von Runen mit lateinischen Inschriften wurde fortgesetzt, bis die
Kirche diese Praxis im siebzehnten Jahrhundert verbot.

Magische Praktiken

Es gibt mehrere magische Praktiken, die sich der Runen bedienen. Die
Wahrsagerei oder das Lesen von Runen war eine Möglichkeit, die Absichten des
Schicksals zu hinterfragen und herauszufinden. Für diese Art des Lesens wurden
Stäbe, Knochen oder kleine Steine verwendet, die mit dem Futhark beschriftet
waren.

Runen wurden auch für Zaubersprüche verwendet. Sie dienten unter anderem
der Verzauberung von Gesundheit und Schutz. Inschriften für Zaubersprüche

kombinierten die Runen für bestimmte Ergebnisse und Absichten. Diese Inschriften wurden in einen Talisman oder in andere Gegenstände eingeritzt. Krieger ließen Inschriften auf ihren Waffen anbringen, um Stärke und Geschicklichkeit auf dem Schlachtfeld zu erlangen, oder damit die Waffe ihren Feinden einen schnellen Tod bescherte. Sie gaben ihren Schwertern und Speeren Namen und ließen diese Namen in die Waffe einritzen, was dem Gegenstand Macht verlieh.

Auf Zaubersprüche, Amulette und die Verwendung von Runen zur Weissagung wird später in diesem Buch eingegangen.

Runen wurden zwar für magische Absichten als Teil der Zauberei oder der Zukunftsvorhersage verwendet, aber sie galten auch als magisch an und für sich.

Ein Wort der Warnung

Mit magischen Praktiken mit Runen sollte man nie herumspielen. Selbst die altnordischen Gedichte warnen davor, mit Runen zu arbeiten, wenn man ihre Bedeutung nicht genau kennt: *Niemand soll Runen schnitzen, um zu zaubern, es sei denn, er lernt, sie gut zu lesen.*

In der Wikingerzeit wussten sowohl Männer als auch Frauen aus reicheren Familien, wie man Runen liest und schreibt. Wenn sie jedoch die Arbeit des Runengießens benötigten - Runen, die speziell für magische Zwecke bestimmt waren -, stellten sie einen Runenmeister ein. Runenmeister schnitzten nicht nur kompliziertere Runenwerke wie Runensteine, sondern waren auch in den tieferen Bedeutungen der Runen gut ausgebildet, um ihre magischen Eigenschaften richtig einsetzen zu können.

Denken Sie daran, dass die Runen mit Odin verbunden sind und er den Menschen ihre Bedeutungen zugänglich gemacht hat. Er ist ein Gott der chaotischen

Aspekte des Krieges, ist trickreich und steht in Verbindung mit dunklen und gefährlichen Dingen. Falsch geworfene Runen können, selbst in bester Absicht, gefährlich sein und Unvorbereiteten Schaden zufügen.

Eine Passage aus der *Poetischen Edda* erzählt von einem Runenmeister, der auf seinen Reisen einem Mann mit einer schwerkranken Tochter begegnet. Der Runenmeister entdeckt, dass sie einen in eine Rune geschnitzten Talisman aus Walknochen besitzt, der schlecht ausgeführt wurde. Die Person, die den Talisman angefertigt hat, wollte ihn vielleicht als Glücks- oder Gesundheitsbringer verwenden, aber sie wusste nicht genau, was sie tat. Dies führte dazu, dass der Talisman die junge Frau krank machte. Die junge Frau erholte sich sofort, als der Runenmeister die bösartigen Runen zerstörte und einen ordnungsgemäßen Runenwurf anfertigte.

Diese warnende Geschichte sollte nicht auf die leichte Schulter genommen werden. Dieser Leitfaden bietet lediglich eine Einführung in die Verwendung von Runen. Runen sind Teil einer aktiven Rückgewinnung des kulturellen Erbes. Nähern Sie sich ihnen mit der gleichen Sorgfalt, die Sie beim Kennenlernen einer fremden Kultur walten lassen würden. Es wird empfohlen, dass Sie sich mit dem kulturellen und religiösen Hintergrund der nordischen und germanischen heidnischen Praktiken auseinandersetzen, bevor Sie sich ganz auf das Runenwerfen einlassen.

Mit Respekt verwenden

Symbole aus dem Elder Futhark wurden von politischen Gruppen im zwanzigsten und einundzwanzigsten Jahrhundert übernommen und verwendet. Jahrhundert übernommen und verwendet. Diese Gruppen wollen sich mit der dem Symbol innewohnenden Kraft verbinden und als Träger der gleichen Energie angesehen werden. Wenn Runenformen als Symbol verwendet werden, das nichts mit ihrer ursprünglichen Absicht zu tun hat, kann die Bedeutung verfälscht werden. Diese falsche und oft negative/schädliche Assoziation kann diejenigen, die die Symbole in ihren religiösen Praktiken verwenden, in Gefahr bringen.

VIERTES KAPITEL: EIGENE RUNEN HERSTELLEN

Runensets können aus vielen Quellen bezogen werden. New-Age-Geschäfte und Praktiker im Internet bieten viele Möglichkeiten für handgefertigte Sets. Sie sind sogar in Massenproduktionsstätten erhältlich. Die stärksten Runen, die Sie richtig deuten können, sind jedoch diejenigen, die Sie selbst hergestellt haben. Runen sind etwas sehr Persönliches, und ähnlich wie bei Tarotkarten möchten Sie nicht, dass jemand anderes sie berührt oder damit "spielt".

Wenn Sie sich für den Kauf eines Sets entscheiden, sollten Sie es vor der Verwendung reinigen und personalisieren. Das Reinigen von Runen wird später in diesem Kapitel besprochen.

Definitionen: In diesem Kapitel werden wir uns mit der Erstellung von Runensets beschäftigen. (Runensteine, nicht zu verwechseln mit Runensteinen, den massiven, freistehenden Felsen, beziehen sich in der Regel auf in Stein gehauene, eingravierte oder auf Keramik oder Glas gemalte Sets. Der Name Runenstäbe wird üblicherweise für in Holz geschnitzte Sets verwendet. Der Einfachheit halber werden beide in diesem Kapitel als "Sets" oder einfach als "Runen" bezeichnet, in Anlehnung an die Definition, die sich auf kleine, mit den genannten Symbolen beschriftete oder markierte Stücke bezieht.

Wenn Sie Ihr eigenes Runen-Set für das Gießen und Wahrsagen erstellen, ist es wichtig, dass Sie sich zunächst mit den Formen der Runen vertraut machen und üben, sie zu erstellen. Üben Sie zunächst mit Papier und Bleistift. Zeichnen Sie die Formen für jede Form nach. Die Linien sollten gerade sein und in gleichmäßigen Abständen verlaufen. Du kannst damit beginnen, auf gerastertem Papier zu üben. Die Linien werden dir helfen, deine Formen gerade und gleichmäßig zu h alten.

Vielleicht haben Sie schon einmal Runen mit geschwungenen Linien gesehen, z. B. eine Feoh mit zwei nach rechts gebogenen Ästen statt geraden, nach rechts abgewinkelten Linien. Runen mit geschwungenen Linien stammen aus dem angelsächsischen oder jüngeren Futhark und entwickelten sich zu stilisierten geschwungenen Zweigen, weil sie schließlich geschrieben wurden. Beim Gießen von Runen möchte man sich so nah wie möglich an die ursprünglichen Formen halten, die von den Nornen verwendet wurden, und deshalb ist es wichtig, den geradlinigen Stil des Älteren Futharks beizubehalten.

Wenn Sie kein Rasterpapier zur Verfügung haben, können Sie ein Lineal als Richtschnur verwenden, um sicherzustellen, dass Ihre Linien gleichmäßig lang sind. Anstelle eines Lineals können Sie auch Ihre eigenen Längenmarkierungen am Rand eines zweiten Blattes Papier anzeichnen.

Wenn du mit dem Üben für diese Sitzung fertig bist, radiere oder markiere alle deine Übungsformen durch und verbrenne das Papier. Kritzeln Sie keine Runen an die Ränder von Papieren oder auf Formulare, die Sie aufbewahren müssen, oder auf alles, was Sie anderen Menschen geben werden.

Denken Sie daran, dass die Runen selbst von Natur aus magisch sind und eine falsch erstellte Rune Schaden verursachen kann.

Wenn du die Runenformen besser kennst, solltest du noch einmal mit den Materialien üben, mit denen du dein Set erstellen willst. Schnitzwerkzeuge, das Brennen von Holz und sogar das Zeichnen in Ton erfordern eine andere Muskelkontrolle als Papier und Bleistift, daher ist Übung entscheidend. Diese ersten Übungsrunen sollten zerstört und nicht liegen gelassen werden. Je nach den Materialien, mit denen du deine Runen erstellen willst, musst du entweder deine Übungsstücke abkratzen/ausradieren und brennen oder die Oberfläche abwischen und desinfizieren.

Materialien

Runen funktionieren am besten, wenn sie aus natürlichen Materialien hergestellt werden: Holz, Ton oder Steine. Andere Materialien können auch verwendet werden, aber seien Sie vorsichtig. Metalle halten negative Energie fest, die nur schwer zu reinigen ist. Synthetische Materialien halten die Magie nicht so gut fest, und die natürliche Beschaffenheit des Materials könnte die Runen verfälschen.

Eine Warnung in Bezug auf Steine: Dazu gehören Halbedelsteine und Kristalle. Materialien aus der Erde können eine starke Erdmagie in sich tragen. Kristalle haben ihre eigenen magischen Energien, daher solltest du sicherstellen, dass ihre Eigenschaften mit der Rune übereinstimmen, die du für sie verwenden willst. Auch einige Kristalle und Halbedelsteine werden in der Erde abgebaut. Wenn Sie sich dafür entscheiden, achten Sie darauf, dass Sie Materialien aus ethischen Quellen verwenden.

Flusssteine sind eine gute Wahl, da sie in natürlichem fließendem Wasser gereinigt wurden. Glas wird ebenfalls als Erdstein betrachtet, da es aus Sand hergestellt wird. Da es klar ist und keine innere Struktur wie Kristalle hat, nimmt es die ihm verliehenen magischen Ladungen leicht an.

Die besten Materialien sind diejenigen, die die ursprüngliche Natur der Runen widerspiegeln: Holz und Ton. Die Nornen schnitzten Runen in den Weltenbaum, die mächtige Esche, die manchmal auch für eine Eibe gehalten wird. Und sie überzogen den Stamm und die Wurzeln des Weltenbaums mit Lehm.

Es kann jedes Holz verwendet werden. Esche und Eibe sind die erste Wahl, da sie den Weltenbaum widerspiegeln, und Ulme (der erste Mann und die erste Frau wurden aus Esche und Ulme geschnitzt) wären die Hölzer, die mit der höchsten Runenenergie in Resonanz stehen. Selbst geschnittene Äste sind eine bessere Wahl als Holz, das von einer anderen Quelle vorgefräst wurde.

Runensteine aus Ton enthalten ebenfalls hohe Runenmagie. Die Arbeit mit Ton ist jedoch insofern problematisch, als nicht jeder Zugang zu einem Brennofen hat, in dem bei hoher Temperatur gebrannt werden kann.

Das *Hávamál* beschreibt den Prozess des Schneidens, Schnitzens, Ritzens und Färbens von Runen. Runensteine, Runensteine und Runenstäbe sind traditionell mit Farbe in den Rillen versehen, um die Sichtbarkeit zu erhöhen. Rot ist die beliebteste Farbe für Runen, aber in der Wikingerzeit hatten sie Zugang zu vielen verschiedenen Pigmenten, und die Runen wurden in vielen verschiedenen Farben bemalt. Die Art des *Schneidens, Schnitzens* und *Kratzens* setzt Holz oder Stein voraus. Das heißt aber nicht, dass man keine Runen auf kleine Glaskugeln malen kann, die in der Tat sehr hübsch aussehen können. Achten Sie auf die Ebenen der magischen Energie, die Sie mit den verschiedenen Materialien anzapfen werden.

Herstellung von Runensteinen

Sobald du dich mit den Materialien, die du für deine Arbeit ausgewählt hast, vertraut gemacht hast und sicher bist, dass du deine Runen richtig herstellen kannst, kannst du beginnen. Der Akt der Herstellung selbst ist ein magisches Ritual, und du solltest dir bei deiner Arbeit aller Absichten bewusst sein.

Bevor Sie beginnen, stellen Sie sicher, dass Sie einen geeigneten Arbeitsbereich haben. Räumen Sie alles Unnötige weg und stellen Sie alle gewünschten Werkzeuge in Reichweite bereit. Sie brauchen einen Arbeitsbereich ohne

Ablenkungen, in dem Sie sich konzentrieren können. Vergewissern Sie sich, dass Sie ausreichend Zeit für diesen Prozess haben. Wenn Sie nicht viel Zeit haben, um alle vierundzwanzig Symbole des Alten Futhark auf einmal zu erschaffen, teilen Sie Ihre Arbeit in Prozesse auf (z. B. Messen und Schneiden von Holz) und dann in die Arbeit an den drei Aetts, wobei Sie sich jeweils nur auf die Erstellung von acht Runen konzentrieren. Das kann bedeuten, dass du zu Zeiten arbeiten musst, zu denen andere in deinem Haushalt abwesend sind oder schlafen.

Die Runen, die die Nornen in Yggdrasil schnitzten, sollten den Weltenbaum schützen, heilen und seine Gesundheit erhalten. Seien Sie achtsam mit Gedanken dieser Art und denken Sie an Ihre Absicht, wenn Sie Ihre Runen erstellen. Bevor du mit der Arbeit beginnst, kannst du ein Ritual zur Zentrierung durchführen. Dazu kann ein Gebet an die Götter der Asen oder an Odin, den Allvater, gehören, oder eine einfache Meditation, die den Geist klärt. Sie können auch eine weiße Kerze anzünden und beruhigende Musik oder Aufnahmen von Wald- oder anderen Naturgeräuschen abspielen. Ihr geistiger Zustand und Ihre Absichten sollten ruhig und konzentriert sein. Wenn du aufgeregt bist, dunkle, wütende Gedanken hast oder übermäßig traurig und aufgebracht bist, könntest du diese negativen Energien in deine Runen einspeisen, und alle Güsse oder Lesungen, die mit diesem Set gemacht werden, könnten möglicherweise negative oder schädliche Ergebnisse haben, selbst nachdem du deine Runen gereinigt hast.

Das Wissen über die Runen wurde durch einen Akt der Aufopferung gewonnen. Gib etwas ab, während du deine Runensteine herstellst. Schenkt ein Getränk ein und opfert es als Tribut - trinkt es nicht, sondern opfert es der Erde - die Götter der Asen mochten Bier. Zumindest verdienen die Runen deine ganze Absicht und Konzentration. Solltest du dich dabei versehentlich verletzen und bluten, höre auf. Du wirst die Runen, auf die du geblutet hast, zerstören müssen. Blutmagie ist mächtig und gefährlich, besonders für Ungeübte. Als Anfänger in einer magischen Praxis sollten Sie nicht versehentlich Blutmagie anwenden.

Die Herstellung eigener Runen kann Spaß machen und befriedigend sein. Im Folgenden finden Sie Anleitungen für zwei verschiedene Arten von Runen-Sets für unterschiedliche Schwierigkeitsgrade.

Glasrunen (Einsteigertechniken)

Materialien: Klare Glassteine, farbiger und klarer Nagellack oder Farbe und klarer Acrylglanzversiegler, Reinigungsalkohol

Werkzeuge: dünne Pinsel

Beschaffung der Materialien: Glaskiesel können in Kunsthandwerksläden, Einrichtungsgeschäften oder den meisten Geschäften mit Blumenabteilungen gekauft oder online bestellt werden. Fingernagellack kann in den meisten Drogerien und Kosmetikgeschäften gekauft werden. Farbe, Marker und Dichtungsmasse sind in Kunst- und Bastelgeschäften erhältlich. Nehmen Sie keine mattierten Glaskugeln, da diese bei dem hier beschriebenen Verfahren mit einer Glanzschicht überzogen werden, die den matten Effekt zerstört.

Klare Glaskugeln werden empfohlen, weil die Verwendung von farbigen Glaskugeln die Aspekte der Farbmagie in Ihre Runen einbringt. Recherchieren Sie die Farbassoziationen zu den Runen und der Farbmagie, bevor Sie farbige Kiesel auswählen.

Sie sollten an einem Ort arbeiten, der gut belüftet ist und sich leicht reinigen lässt. Es werden Abdeckplanen und Abdeckungen empfohlen. Farbe und Fingernagellack beschädigen Möbel, planen Sie also Ihren Arbeitsbereich entsprechend. Wenn Sie eine Sprühversiegelung verwenden, sollten Sie draußen sprühen und einen Gesichtsschutz verwenden.

- Reinigen Sie Ihre Glaskugeln *(siehe Ende des Kapitels)*.

- Reinigen Sie Ihre Glaskiesel mit Franzbranntwein, um alle Öle zu entfernen.

Für Runen auf Glaskieseln:

- Zeichne deine Runen auf Papier in der Größe des Glaskiesels. Für die Runen auf dem Kieselstein zeichnest du die Runen rechtsherum.

- Legen Sie den Glaskiesel über die Zeichnung der Rune auf dem Papier und zeichnen Sie die Form mit einem dünnen Pinsel mit Nagellack oder Farbe auf das Glas. Die meisten Glaskiesel haben eine leicht gewölbte Seite und eine flache Seite. Die gewölbte Seite ist oben.

- Verwenden Sie einen dünnen Pinsel für Nagellack oder Farbe. Die Pinsel für Nagellack sind zu plump und klobig, um saubere Linien zu ziehen.

Für Runen, die durch den Glaskiesel sichtbar sind:

- Zeichne deine Runen auf Papier in der Größe der Glaskiesel, aber zeichne sie rückwärts/spiegelverkehrt. So werden sie beim Blick durch das Glas richtig herum gelesen.

- Legen Sie den Glaskiesel mit der Kuppelseite nach unten über die Zeichnung und zeichnen Sie die Form mit einem dünnen Pinsel auf die Unterseite des Glaskiesels mit Politur oder Farbe nach.

- Zwischen den Anstrichen trocknen lassen. Um eine intensiv gefärbte Linie zu erhalten, können mehrere Schichten Politur/Farbe erforderlich sein.

- Klarlack auftragen; streiche ein paar Schichten Klarlack über deine Runenmarkierung. (Der Pinsel, der der Politur beiliegt, ist dafür gut geeignet, da es sich nicht um Detailarbeit handelt). Alternativ können Sie eine Acryl-Klarlackversiegelung verwenden. Wenn Sie das Spray verwenden, sprühen Sie es im Freien auf.

- Entsorgen Sie Ihre vorgezeichneten Runen in geeigneter Weise.

Hölzerne Runen (fortgeschrittene Techniken)

Materialien: Ein 1 bis 2 Zoll dicker Ast mit einer Länge von mindestens 13 Zoll (für 24 x 1 cm oder 0,5-Zoll-Scheiben - für eventuelle Fehlschnitte benötigen Sie mehr) oder 24 Holzscheiben* (plus Extras zum Üben), Holzbeize oder Farbe.

Werkzeuge: Schleifpapier in zunehmend höherer Körnung, Handsäge, Schnitzwerkzeug: V-Werkzeug/U-Hohlbeitel oder Holzbrenner, Zwingen, Lineal, Bleistift, dünner Pinsel, Schutzbrille.

Sie sollten an einem Ort arbeiten, der gut belüftet ist und an dem die Reinigung einfach ist. Am besten ist es, wenn Sie während des Holzschneidens im Freien arbeiten. Abdeckplanen und Abdeckungen sind empfehlenswert. Das Schnitzen, Brennen und Beizen von Holz kann Möbel beschädigen, daher sollten Sie Ihren Arbeitsplatz entsprechend planen. *Wenn Sie gekaufte Holzscheiben verwenden, müssen Sie diese vor der Arbeit reinigen.*

Beschaffung von Holz: Sie können Äste verwenden, die Sie bei Ihren Ausflügen finden, oder Sie können sich nach Abfällen von gefällten Bäumen umsehen. (Seien Sie immer höflich und fragen Sie, bevor Sie einen Ast von einem fremden Grundstück nehmen).

Schneide keine lebenden Äste von Bäumen ab, da dies gefährlich sein kann, wenn du nicht genau weißt, was du tust. Du könntest dich verletzen und dem Baum Schaden zufügen (Bäume zu schädigen, widerspricht dem ursprünglichen Zweck der Runen, denn die Nornen benutzten sie, um Yggdrasil zu heilen und zu schützen).

Informieren Sie sich über die Gesetze zur Entnahme von Zweigen aus den Parks in Ihrer Region. Die Entnahme von Ästen (auch von natürlich gefallenen) aus Nationalparks in den Vereinigten Staaten und Kanada ist aufgrund von Naturschutzbestimmungen verboten.

Sie können Zweige mit noch vorhandener Rinde in Bastelläden bestellen oder bei Ihrem örtlichen Holzhändler nachfragen. Schneiden Sie kein grünes Holz. Lassen Sie Ihre Zweige vollständig trocknen, bevor Sie Ihre Runen anfertigen. Je nach örtlicher Temperatur und Klima kann dies mehrere Tage bis Wochen dauern.

- Tragen Sie bei der Verwendung von Holzbearbeitungswerkzeugen eine Schutzbrille.

- Schützen Sie Ihre Arbeitsflächen nach Bedarf.

Erstellen von Holzscheiben:

- Suchen Sie sich ein Stück Ast, das gleichmäßig dick ist. Möglicherweise brauchst du mehrere Äste, um genug Holz für vierundzwanzig Runen zu haben. Messen Sie mit einem Lineal die gewünschte Dicke für Ihre Runen aus. Dünnere Abschnitte sind schwieriger zu schneiden.

- Spanne den Ast gegen einen Arbeitstisch oder einen Sägebock. Lassen Sie den zu sägenden Teil über den leeren Raum hängen. Sägen Sie in einer Hin- und Herbewegung 24 Scheiben ab, plus genug für mehrere Stücke zum Üben.

- Denken Sie an das alte Sprichwort "zweimal messen, einmal schneiden".

- Wenn Sie vorgeschnittene Scheiben gekauft haben, reinigen Sie diese, bevor Sie die Runen in die Oberfläche einarbeiten.

Vorbereiten der Oberfläche:

- Verwenden Sie Schleifpapier, um die Oberfläche von Holzscheiben zu glätten (dies gilt sowohl für handgeschnittene als auch für gekaufte Scheiben). Beginnen Sie mit grobem Schleifpapier und arbeiten Sie sich allmählich durch immer höhere Körnungen, um das Holz zu einer seidigen, gratfreien Politur zu glätten.

- Planen Sie Ihre Runen.

- Zeichne mit einem Bleistift vorsichtig die Runenform auf eine Seite der Holzscheibe (die andere Seite bleibt frei).

Holzverbrennung:

- Befolgen Sie die Anweisungen des Holzbrenners und zeichnen Sie Ihre Bleistiftzeichnung sorgfältig nach.

- Wenn Sie noch nie mit Holzbrennwerkzeugen gearbeitet haben, sollten Sie auf jeden Fall mit Holzresten üben.

Holzschnitzerei:

- Schnitzwerkzeuge sind sehr scharf. Schnitzen Sie niemals in Richtung Ihres Oberkörpers oder Ihrer Hand.

- Wenn Sie noch nie mit Schnitzwerkzeugen gearbeitet haben, sollten Sie auf jeden Fall an Holzresten üben.

- Spannen Sie die vorbereitete Holzscheibe auf eine stabile Arbeitsfläche.

- Setzen Sie die Spitze des Schnitzwerkzeugs gegen das Holz. Üben Sie Druck auf das Holz aus und folgen Sie der mit dem Bleistift gezeichneten Form von Ihrem Körper weg.

- V- und U-förmige Schnitzwerkzeuge schneiden in das Holz und geben ihm die Form ihres Namens, indem sie entweder eine scharfe Einkerbung oder eine glatte, geschwungene Inschriftlinie erzeugen.

- Graben Sie die Schnitzspitze nicht in das Holz. Drücken Sie die Spitze der V- oder U-Form nicht unter die Oberfläche der Holzscheibe, da dies zu Spänen führen kann und das Schnitzwerkzeug stecken bleibt.

- Schnitzen Sie leicht und gehen Sie mehrmals über die Linien, um eine tiefere Rille im Holz zu erzielen.

- Nach dem Brennen oder Schnitzen schleifen Sie die Oberfläche erneut, um eventuelle Grate zu entfernen.

- Beizen oder streichen.

- Zeichnen Sie mit einem dünnen Pinsel vorsichtig die geätzten Linien Ihrer Runen nach.

- Mindestens vierundzwanzig Stunden lang an einem staubfreien Ort trocknen lassen. Testen Sie, ob der Fleck/die Farbe trocken ist, bevor Sie Ihre Runen reinigen und aufladen.

Reinigen Ihrer Runen

Ihr solltet alle gekauften Runensets oder Materialien, die ihr für die Herstellung eurer eigenen Runensets verwenden wollt, reinigen, bevor ihr beginnt. Ihr solltet auch das Runenset, das ihr hergestellt habt, reinigen, wenn ihr fertig seid und nochmals, bevor ihr es benutzt.

Das Reinigen von Runen hilft dabei, negative Energien oder Restmagie, die in den Runenstein eingedrungen sind, zu beseitigen. Du willst diese alten Energien entfernen, bevor du deine Steine mit deinen magischen Energien auflädst.

Es kann sein, dass Sie Ihre Steine reinigen möchten, nachdem Sie Lesungen für bestimmte Personen durchgeführt haben, oder wenn Sie das Gefühl haben, dass sie von anderen misshandelt oder übermäßig behandelt worden sind.

Es gibt viele Möglichkeiten, deine Runen zu reinigen. Am einfachsten ist es, sie den Kräften der natürlichen Elemente auszusetzen. Je nach Material kannst du sie im fließenden Wasser eines Baches oder im Regen ruhen lassen. Versuchen Sie nicht, sie in fließendem Leitungswasser oder in einem stehenden Teich zu reinigen.

Man kann sie die ganze Nacht bei Vollmond draußen stehen lassen. Oder stellen Sie sie in die frühe Morgensonne und lassen Sie sie einen ganzen Tag und eine ganze Nacht lang draußen stehen. Wenn Sie keinen sicheren Platz im Freien für Ihre Steine haben, können Sie sie auf einer Fensterbank aufstellen, wo sie vollen Zugang zum natürlichen Licht haben.

Andere Methoden zur Reinigung deiner Steine erfordern das Wissen über andere Magien, daher ist es in diesem Fall am besten, es einfach zu halten. Arbeite mit der Reinigungsmethode, die am besten zu deiner Situation passt und mit deiner Praxis in Resonanz steht.

Sie benötigen einen weichen Beutel mit Kordelzug aus Naturfasern wie Baumwolle oder Seide. Sie sollten die Runen an einem Ort aufbewahren, der nur Ihnen gehört, und nicht an einem Ort in Ihrer Wohnung, zu dem andere Zugang haben und Ihre Steine bewegen, um Zugang zu etwas anderem zu erhalten. Sie wollen, dass die Runen Ihre Energie aufnehmen und nicht die verwirrenden Energien mehrerer Menschen.

Aufladen Ihrer Runen

Jeder Schritt auf dem Weg zur Erstellung deiner Runen war ein Ritual, und das ist auch hier nicht anders. Achte darauf, dass du Zeit und einen Ort hast, an dem du ohne Unterbrechung arbeiten kannst. Befreie deinen Geist in dieser Zeit von unnötigen Sorgen und Bedenken und halte Raum und Absicht für das, was du t ust.

Es gibt viele Möglichkeiten, deine Runen aufzuladen. Beim Räuchern wird ein Gegenstand mit dem Rauch bestimmter Kräuter umspült. Salbei ist ein reinigendes Kraut und eignet sich gut dafür. Auch das Gefäß, in dem du deine Runen aufbewahrst, solltest du reinigen. Halten Sie jeden Runenstein in den Rauch und hauchen Sie den Namen der Rune in das Stück. Dazu hältst du die Rune nahe an deinen Mund und sprichst den Namen der Rune. Achten Sie darauf, dass Sie Ihren Atem mit einbeziehen, damit die Luft aus Ihrer Lunge die Rune umschmeichelt. Wiederholen Sie dies für jede Rune.

Wenn du fertig bist, steckst du die Runen vorsichtig zurück in die Tasche und legst sie an den Platz, den du für sie ausgewählt hast.

Nicht jeder kann Rauch vertragen; zum Glück gibt es andere Möglichkeiten, Ihre Steine aufzuladen. Wickeln Sie Ihre Steine in ein sauberes Tuch und vergraben Sie sie eine Woche lang. Wenn Sie sie ausgraben, hauchen Sie ihnen ihren Namen ein.

Eine andere Möglichkeit, die Runen aufzuladen, besteht darin, sie in der frühen Morgensonne aufzustellen und einen ganzen Tageszyklus lang liegen zu lassen. Wenn du die Steine einsammelst, solltest du ihnen ihren Namen einhauchen.

Es gibt keine vorgeschriebenen Regeln für das Reinigen und Aufladen Ihrer Steine. Wenden Sie die Methoden an, die sich für Sie am besten anfühlen.

KAPITEL FÜNF: ÄLTERES FUTHARK

Das Ältere Futhark war das erste Runenalphabet. Es gibt vierundzwanzig Runenformen, und jede Form hat einen Namen, eine Bedeutung und eine tiefere Absicht. Der Begriff Futhark setzt sich aus den ersten sechs Runenformen zusammen. Im Gegensatz zum angelsächsischen oder jüngeren Futhark werden die Formen des älteren Futhark mit geraden und nicht mit gebogenen Linien hergestellt. Dies spiegelt die Art und Weise wider, wie die Runen in Stein, Holz und andere Gegenstände gemeißelt wurden.

Runen sind viel mehr als eine alte Form der Schrift, bei der jede Form einen Buchstaben darstellt. Sie haben Verbindungen zu den nordischen Göttern und Assoziationen mit der Natur. Ihre Bedeutungen gehen tiefer als die einfache Definition ihres Namens, denn jede Form hat eine tiefere magische Bedeutung.

Eine Anmerkung zu Namen und Bedeutungen

Für die meisten Runen gibt es mehrere Varianten ihres Namens. Dies ist ein Ergebnis der Entwicklung und der Veränderungen der Sprache gegenüber den ursprünglichen Bezeichnungen und der Frage, welche Version des Namens am häufigsten verwendet wurde. Die Geschichte der Runen basiert auf altgermanischen und altnordischen Traditionen und Orten. Die Sprache entwickelte und veränderte sich an den verschiedenen Orten. Namensänderungen ergeben sich aus den Variationen im skandinavischen, dänischen, isländischen und altenglischen Sprachgebrauch. Obwohl alle Runen im Elder Futhark immer noch die ursprünglichen vierundzwanzig Formen sind, können die Namen, die Sie hier finden, in ihrem Ursprung variieren. Zum Beispiel können Runen, die verändert wurden und im angelsächsischen Futhark häufiger verwendet wurden, einen altenglischen Namen tragen.

Das Leben in der altgermanischen Zeit war nicht einfach. Sie verfügten nicht über die Ressourcen für Nahrung, Wärme und Medizin, die das moderne Leben bietet. Die altnordischen Götter hatten viele Funktionen, und es gab weder einen einzigen Kriegsgott noch einen einzigen Fruchtbarkeitsgott. Die Fruchtbarkeitsgötter waren insofern von entscheidender Bedeutung, als sie sich mit den Zyklen des Lebens befassten, einschließlich des Zyklus des Pflanzens und Erntens, aber auch der menschlichen Fortpflanzung. Viele der Runen haben Fruchtbarkeit als einen ihrer Aspekte, und es bleibt der Interpretation des Lesers überlassen, ob sich die Fruchtbarkeit in diesem Fall auf finanzielles Wachstum, eine reiche Ernte, Babys (seien es Tiere oder Menschen) oder eine neue Liebesbeziehung bezieht.

Göttliche Assoziationen werden angegeben, wenn sie bekannt sind. Nicht alle Runen haben einen Bezug zu einem Gott oder einem mythologischen Wesen. Viele sind einfach Naturkräfte. Farbassoziationen variieren stark und haben je nach Interpretation der Runen unterschiedliche Verbindungen. Pflanzen und Edelsteine reagieren auf die Energie, die mit den ihnen zugeordneten Runen assoziiert ist. In vielen Fällen haben sie einen direkten Bedeutungszusammenhang oder eine Beziehung zu der zugehörigen Gottheit.

Die drei Aetts

Das Ältere Futhark ist in drei Gruppen zu je acht Runen unterteilt, die als *Aett* bezeichnet werden. Diese Gruppierungen ordnen die Runen bestimmten

Göttern und Konzepten zu. Die Position einer Rune innerhalb der Aett ist wichtig für die Verwendung von Kodierungsrunen, einer Methode, eine Rune zu schreiben, ohne das genaue Symbol zu verwenden. Beispiele: Feoh ist die erste Rune im ersten Aett 1:1; Isa ist die dritte Rune im zweiten Aett 2:3.

(Der Zweck dieser Kodifizierung ist unklar. Wurden sie geschaffen, um den Runen eine weitere Ebene des Geheimnisses hinzuzufügen, oder war es als eine Möglichkeit gedacht, den Aspekt der Schrift/Buchstabenform einer Rune zu nutzen, ohne ihre magischen Energien zu aktivieren? Leider werden wir das nie erfahren.)

Freyas Aett

Wird Freya und/oder Frey zugeschrieben, die beide als Götter der Fruchtbarkeit und des Wohlstandes galten. Freya wird mit Schönheit und Pflanzenleben in Verbindung gebracht und war eine Anhängerin der Wahrsagerei. Ihr Zwillingsbruder Frey wird mit sonnigem Himmel, mäßigen Regenfällen und guten Ernten in Verbindung gebracht. Sie waren Vanir-Götter. Dieses Aett steht im Einklang mit den Konzepten des Lebenszyklus. Die acht Runen dieses Aetts sind Feoh, Uruz, Thurisaz, Ansur, Raidho, Kenaz, Gebo und Wunjo.

Feoh

- Bedeutung: Vieh; Reichtum

- Runen stammen aus einer Zeit, in der der Besitz von Vieh ein Zeichen von Reichtum und Besitz war. Er ging in der Regel mit einer Form von Führung oder Macht innerhalb der Gemeinschaft einher. Heute steht diese Rune für finanziellen Reichtum, aber auch für sozialen/gemeinschaftlichen Reichtum. Weitere Attribute sind finanzielle Anfänge und Fruchtbarkeit.

- Beschreibung: Hohe vertikale Linie mit zwei gestapelten Ästen etwa auf halber Höhe der Seite, die nach oben und rechts geneigt sind.

- Buchstabenäquivalent/Laut: F

- Gott: Frey

- Baum: Holunder

- Kraut: Brennnessel

- Edelstein: Moosachat

- Farbassoziationen: rot, grün, braun

- Position im Futhark: 1

- Stellung im aett: 1:1

Uruz/Ur

- Bedeutung: Auerochse; Stärke

- Auerochsen waren eine Art wilder Ochsen mit extremen Hörnern (sie starben um 1600 aus), die laut Julius Cäsar so groß wie ein Elefant und so wild wie ein wütender Stier waren. Diese Rune deutet auf eine sehr männliche Lebensenergie hin, sie steht für Urkraft, körperliche Gesundheit und sexuelles Geschick.

- Beschreibung: Vertikale Linie mit einem kurzen Zweig, der leicht nach unten und nach rechts geneigt ist. Vom Ende des ersten Astes geht ein zweiter senkrechter kurzer Ast gerade nach unten; ähnelt einem lateinischen Kleinbuchstaben N (n).

- Buchstabenäquivalent/Laut: U

- Baum: Birke

- Kraut: Torfmoos

- Edelstein: Karfunkel

- Farbassoziationen: dunkelgrün, rot, orange

- Position im Futhark: 2

- Stellung im aett: 1:2

Thurisaz/Dorn

- Bedeutung: Riese; Gefahr, Leiden

- Die Form dieser Rune spiegelt eine ihrer Bedeutungen wider: ein Dorn, ein scharfes Abschreckungsmittel. Es kann als eine Warnung, oder als die Notwendigkeit der Verteidigung gemeint sein. Sie kann auch als Fruchtbarkeitsrune interpretiert werden, da dornige Reben Felsen durchbrechen, um Wurzeln zu schlagen. Es ist auch ein Wortspiel mit Dornen: Stachel: Phallus.

- Beschreibung: hohe vertikale Linie mit zwei kurzen Ästen, die in der Mitte der Vertikalen ausgerichtet sind und eine Spitze nach rechts bilden; ähnelt einem lateinischen P mit einer zusätzlichen Linie, die von oben nach oben wächst.

- Buchstabenäquivalent/Laut: TH

- Gott: Thor

- Baum: Weißdorn

- Kraut: Hauswurz

- Edelstein: Saphir

- Farbassoziationen: rot, braun, weiß

- Stellung im Futhark: 3

- Stellung im aett: 1:3

Ansur

- Bedeutung: Mund Gottes; Wohlstand und Vitalität

- Dies ist die Rune der Kommunikation. Odin wird zugeschrieben, dass er den geschnitzten Figuren, die zum ersten Mann und zur ersten Frau wurden, Leben eingehaucht hat. Diese Rune ist dieser Lebensatem. Sie steht für Intelligenz, göttliche Inspiration und Einsicht.

- Beschreibung: hohe vertikale Linie mit zwei gestapelten Ästen, die nach oben ausgerichtet sind und nach unten und rechts abgewinkelt sind; ähnelt einem lateinischen F.

- Buchstabenäquivalent/Laut: A

- Gott: Odin

- Baum: Esche

- Kraut: Fliegenpilz

- Edelstein: Smaragd

- Farbassoziationen: dunkelblau, gelb

- Position im Futhark: 4

- Stellung im aett: 1:4

Raidho

- Bedeutung: Fahrt; Bewegung, Wachstum

- Eine der Interpretationen von Raidho ist ein Wagenrad, und es steht für eine Reise. Diese Reise kann eine physische Reise von hier nach dort oder eine metaphysische Reise sein. Es gibt auch Verbindungen zur Reise vom Leben zum Tod. Weitere Aspekte, die Raidho umfasst, sind Führung, Anleitung und moralische Integrität.

- Beschreibung: hohe vertikale Linie mit zwei kurzen Ästen, die nach oben ausgerichtet sind und eine Spitze nach rechts bilden; ein dritter kurzer Ast trifft die Vertikale an der gleichen Stelle wie der zweite Ast und neigt sich nach unten und nach rechts; ähnelt einem lateinischen R

- Buchstabenäquivalent/Laut: R

- Gott: Thor

- Baum: Eiche

- Kraut: Beifuß

- Edelstein: Chrysopras

- Farbassoziationen: rot, violett, schwarz

- Position im Futhark: 5

- Stellung im aett: 1:5

Kenaz/Ken

- Bedeutung: Fackel; Erleuchtung, Wissen

- Die verschiedenen Namen dieser Rune haben sehr unterschiedliche Bedeutungen, von "Feuer" über "Wissen" bis hin zu "Geschwür". Eine Interpretation nimmt diese scheinbar disparaten Bedeutungen und kombiniert sie, um speziell medizinisches Wissen zu meinen. Kenaz steht für die Klarheit des Denkens und das Lernen durch Forschung und Erkundung.

- Beschreibung: Kreuzung mit zwei kurzen Ästen, wobei ein Ast nach oben und rechts, der andere nach unten und rechts abgewinkelt ist (und eine Spitze nach links bildet); ähnelt einem lateinischen K ohne die Senkrechte.

- Buchstabenäquivalent/Laut: K

- Baum: Kiefer

- Kraut: Schlüsselblume

- Edelstein: Blutstein

- Farbassoziationen: rot, gelb

- Position im Futhark: 6

- Stellung im aett: 1:6

Gebo/Gyfu

- Bedeutung: Geschenk; Großzügigkeit

- Gedacht als spirituelle Gaben und Großzügigkeit. Diese Rune kann als Gaben der Menschen an die Götter (z. B. Opfer) oder von den Göttern an die Menschen (z. B. religiöse Lehren) gedeutet werden. Sie umfasst Konzepte von fairem Handel, Verträgen, Gegenseitigkeit, Großzügigkeit und Harmonie. Es ist eine Rune der Ehe und des Sex.

- Beschreibung: Kreuzung von zwei langen Ästen, die ein X bilden; ähnelt einem lateinischen X.

- Buchstabenäquivalent/Laut: G

- Baum: Ulme

- Kraut: heartsease

- Edelstein: Opal

- Farbassoziationen: dunkelblau, rot, gold

- Position im Futhark: 7

- Stellung im aett: 1:7

Wunjo

- Bedeutung: Freude; Zufriedenheit

- Dies ist die Rune der Freundschaft und des Wohlbefindens. Sie steht für gleichgesinnte Gemeinschaft und Familienzusammenhalt. Sie bringt Gleichgewicht und Harmonie.

- Beschreibung: hohe vertikale Linie mit zwei kurzen Ästen, die sich an der Spitze der Vertikalen befinden und eine Spitze nach rechts bilden; ähnelt einem lateinischen P.

- Buchstabenäquivalent/Laut: V oder W

- Gott: Ullr

- Baum: Esche

- Kraut: Flachs

- Edelstein: Diamant

- Farbassoziationen: gelb, rot

- Position im Futhark: 8

- Position in aett: 1:8

Hagal's Aett

Hagal bedeutet wörtlich übersetzt Hagel. Ausgehend von den Strophen in den Runengedichten wird Hagel als zerstörerisch, aber auch als lebensspendend angesehen (wenn er zu Wasser schmilzt). Dieses Aett umfasst die Dualität der äußeren Naturkräfte, wie sie das Leben beeinflussen. Die acht Runen für dieses Aett sind Hagal, Naudhiz, Isa, Gera, Eoh, Peorth, Eolh und Sigel.

Hagal/Hagalez

- Bedeutung: Hagel; zerstörerische Naturgewalten

- Hagal ist die zerstörerische Kraft der Natur. Wörtlich bedeutet es Hagel und die Arten von Schäden und Wiederaufbau, die nach einem Sturm entstehen. Er verkörpert unkontrollierte Störung und Veränderung. Er bringt eine Verschiebung der Energien mit sich und stellt eine Chance dar. Hagal ist auch die neunte Rune im Alten Futhark. Neun ist eine starke Zahl in der nordischen Mythologie: Es gibt die Neun Reiche, Odin hing neun Tage lang an Yggdrasil, um das Geheimnis der Runen zu lernen, und die menschliche Schwangerschaft dauert neun Monate. Mit diesem Aspekt im Hinterkopf kann sie als transformativ und reinigend interpretiert werden.

- Beschreibung: zwei hohe, parallele senkrechte Linien mit kurzen Verzweigungen, die etwas oberhalb des Mittelpunkts der linken Linie ausgerichtet sind, nach unten und rechts abknicken und sich auf der zweiten Senkrechten etwas unterhalb des Mittelpunkts treffen; Variante mit einem zweiten Querbalken, der aus dem Jüngeren Futhark übernommen wurde; ähnelt einem lateinischen H mit einem schrägen Mittelstrich.

- Buchstabenäquivalent/Laut: H

- Gott: Hel

- Baum: Eibe

- Kraut: Maiglöckchen

- Edelstein: Onyx

- Farbassoziationen: hellblau, schwarz

- Position im Futhark: 9

- Stellung im aett: 2:1

Naudhiz/Nyd

- Bedeutung: Bedürfnis; Hoffnung

- Naudiz ist nicht das Verlangen des Mangels, sondern das Bedürfnis der Notwendigkeit und die damit verbundene Traurigkeit und die verzweifelten Aspekte der Hoffnung. Dies ist die Rune für das Tun, was getan werden muss, für Konsequenzen und Lebenslektionen. Sie hat Verbindungen zu Sehnsucht und sogar Lust.

- Beschreibung: eine hohe vertikale Linie mit einem kurzen Ast, der sich in einem leichten Winkel nach unten rechts schneidet und ein Kreuz bildet; ähnelt einem lateinischen Kleinbuchstaben T (t).

- Buchstabenäquivalent/Laut: N

- Assoziation sein: die Nornen

- Baum: Buche

- Kraut: Bistort

- Edelstein: Lapislazuli

- Farbassoziationen: schwarz, grau

- Position im Futhark: 10

- Stellung im aett: 2:2

Isa

- Bedeutung: Eis; Warten, Untätigkeit

- In Skandinavien und Island sind der Winter und das Eis ein wichtiger Teil des Lebens. Man muss das Eis abwarten. Die Untätigkeit von Isa ist Geduld, Selbstbeherrschung.

- Beschreibung: eine einzige hohe vertikale Linie; ähnelt einem lateinischen I.

- Buchstabenäquivalent/Laut: I

- Baum: Erle

- Kraut: Bilsenkraut

- Edelstein: Katzenauge

- Farbassoziationen: schwarz, silber, braun

- Position im Futhark: 11

- Stellung im aett: 2:3

Gera/Jara

- Bedeutung: Jahr; Zeit, Ernte

- Dies ist eine Rune des Pflanzens, Wachsens und Erntens der Früchte.

Gera repräsentiert den Zyklus des Jahres. Sie umfasst Konzepte des guten Timings, der Fruchtbarkeit, des Friedens und des Wohlstands.

- Beschreibung: Eine Kreuzung mit zwei kurzen Ästen, wobei ein Ast nach oben und rechts, der andere nach unten und rechts abgewinkelt ist (und einen Punkt nach links bildet), eine zweite Kreuzung mit zwei Ästen in ähnlicher Konfiguration, aber in entgegengesetzter Richtung, so dass der Punkt nach rechts zeigt. Der obere Zweig des unteren, nach rechts gerichteten Punktes befindet sich direkt über dem unteren Zweig des nach links gerichteten Punktes. Die beiden Punkte berühren sich nicht; sie ähneln zwei seitlichen lateinischen Vs, die einander zugewandt sind.

- Buchstabenäquivalent/Laut: Y

- Baum: Eiche

- Kraut: Rosmarin

- Edelstein: Karneol

- Farbassoziationen: hellblau, grün

- Position im Futhark: 12

- Stellung im aett: 2:4

Eoh/Eihwaz

- Bedeutung: Eibe; Stärke

- Dies ist eine Rune der Weisheit und der Geheimnisse der Magie. Es ist eine spirituelle Rune für die Kommunikation zwischen der Magie und dem Weltlichen.

- Beschreibung: eine hohe vertikale Linie mit einem kurzen Zweig, der sich am oberen Ende der Vertikalen schneidet und nach unten und rechts abgewinkelt ist, und einem zweiten kurzen Zweig, der sich am unteren Ende der Vertikalen schneidet und nach oben und links abgewinkelt ist; ähnelt einem stilisierten lateinischen S.

- Buchstabenäquivalent/Laut: I

- Gott: Ullr

- Baum: Eibe

- Kraut: Alraune

- Edelstein: Topas

- Farbassoziationen: dunkelblau, rot

- Position im Futhark: 13

- Stellung im aett: 2:5

Peorth

- Bedeutung: unbekannt; Geheimnis

- Die eigentliche Bedeutung von Peorth ist in der Geschichte verloren gegangen. Sie wurde mit Obstbäumen, Glücksspielen, weiblicher Sexualität und Fruchtbarkeit in Verbindung gebracht. Daher steht diese Rune für unerwartete Gelegenheiten, das Unbekannte und das Schicksal. Sie wird häufig mit Glücksspielen und zufälligen Ereignissen in Verbindung gebracht.

- Beschreibung: eine hohe vertikale Linie mit einem kurzen Zweig, der sich am oberen Ende der Vertikalen schneidet und nach unten und rechts abgewinkelt ist, der Zweig winkelt dann nach oben und rechts ab; ein kurzer Zweig schneidet sich am unteren Ende der Vertikalen und winkelt nach oben rechts ab, bevor er nach unten rechts abgewinkelt wird; ähnelt einem lateinischen C.

- Buchstabenäquivalent/Laut: P

- Assoziation sein: die Nornen

- Baum: Buche

- Kraut: Eisenhut

- Edelstein: Aquamarin

- Farbassoziationen: schwarz, lila

- Position im Futhark: 14

- Stellung im aett: 2:6

Eolh/Elhaz

- Bedeutung: Elch; Schutz

- Diese Rune ist ein starkes Schutzsymbol. Sie schützt durch Verbannung und Vertreibung. Sie steht in Verbindung mit Beharrlichkeit im Angesicht von Widrigkeiten und höherem Selbstbewusstsein.

- Beschreibung: eine hohe vertikale Linie mit zwei kurzen Ästen, die sich etwas oberhalb des Mittelpunkts schneiden; der linke Ast ist nach links oben gewinkelt, der rechte Ast nach rechts oben gewinkelt; ähnelt einem lateinischen Y, wobei die vertikale Grundlinie nach oben verläuft.

- Buchstabenäquivalent/Laut: Z

- Baum: Espe

- Kraut: Segge

- Edelstein: Amethyst

- Farbassoziationen: gold, braun

- Position im Futhark: 15

- Stellung im aett: 2:7

Sigel/Sowilo

- Bedeutung: die Sonne; Erfolg

- Diese Rune steht für Motivation und Sieg. Sie steht für persönliche Ganzheit, das Erreichen von Zielen und die Umsetzung von Energie in Taten.

- Beschreibung: drei kurze Zweige hintereinander, von unten nach oben: Zweig schräg nach rechts oben, nächster Zweig schräg nach links oben, oberster Zweig schräg nach rechts oben, so dass ein Zickzack entsteht; ähnelt einem stilisierten lateinischen S.

- Buchstabenäquivalent/Laut: S

- Gott: Baldur

- Baum: Wacholder

- Kraut: Mistel

- Edelstein: Rubin

- Farbassoziationen: weiß, gold, gelb

- Position im Futhark: 16

- Stellung im aett: 2:8

Tyrs Ätze

Tyr war ein ehrenhafter Kriegsgott, der tapfer war und nicht zögerte, das zu tun, was für das Wohl der Allgemeinheit notwendig war, auch wenn es ihn persönlich viel kostete. Er lenkte den Wolf Fenrir ab, damit er von den anderen Göttern gebunden werden konnte, indem er seine Hand in das Maul des Wolfes steckte. Anschließend verlor er die Hand. Dieses Aett umfasst die Konzepte der inneren Kämpfe innerhalb der persönlichen Kontrolle. Die acht Runen für dieses Aett sind Tiwaz, Beorc, Ehwaz, Mannaz, Lagu, Ing, Daeg und Odhal.

Tiwaz

- Bedeutung: Tyr; Sieg

- Die Rune des Tyr wird von Kriegern im Kampf verwendet und bringt den Sieg und schützt vor Schaden. Diese Rune wird mit Loyalität, Rechtschaffenheit, Ehre und Ehrlichkeit in Verbindung gebracht. Sie steht in Verbindung mit richtigen Entscheidungen und der Entwicklung von spirituellem Bewusstsein.

- Beschreibung: eine hohe vertikale Linie mit zwei kurzen Ästen, die an der Spitze eine Pfeilspitze bilden; ähnelt einem spitzen lateinischen T.

- Buchstabenäquivalent/Laut: T

- Gott: Tyr

- Baum: Eiche

- Kraut: Salbei

- Edelstein: Koralle

- Farbassoziationen: rot, grün

- Position im Futhark: 17

- Stellung im aett: 3:1

Beorc

- Bedeutung: Birke; Fruchtbarkeit, Wachstum

- Dies ist eine Rune des Frühlings und der Wiedergeburt. Sie hat Verbindungen zu Neuanfängen und Wachstum. Sie hat auch eine starke mütterliche Energie und kann Zuflucht, Reife, Fruchtbarkeit und Kinderkriegen bedeuten.

- Beschreibung: hohe vertikale Linie mit zwei kurzen Ästen, die nach oben ausgerichtet sind und eine Spitze nach rechts bilden; ein zweites Paar kurzer Äste bildet eine zweite Spitze nach rechts, unmittelbar unter der ersten; ähnelt einem lateinischen B.

- Buchstabenäquivalent/Laut: B

- Gott: Idun

- Baum: Birke

- Kraut: Frauenmantel

- Edelstein: Mondstein

- Farbassoziationen: dunkelgrün, blau

- Position im Futhark: 18

- Stellung im aett: 3:2

Ehwaz

- Bedeutung: Pferd; Vertrauen

- Diese Rune stellt die Verbindung zwischen Pferd und Reiter dar. Sie steht für Fortschritt durch Partnerschaften und Vertrauen, Teamwork, Zusammenarbeit, Ehe und Sexualität.

- Beschreibung: zwei hohe parallele vertikale Linien mit einem kurzen Zweig, der vom oberen Ende der linken Vertikalen nach rechts abfällt und sich mit einem zweiten kurzen Zweig verbindet, der sich nach rechts oben fortsetzt und mit dem oberen Ende der äußersten rechten Vertikalen verbunden ist; ähnelt einem lateinischen M.

- Buchstabenäquivalent/Laut: E

- Gott: Frey oder Odin

- Baum: Esche

- Kraut: Kreuzkraut

- Edelstein: Islandspat

- Farbassoziationen: weiß, grün, rot

- Position im Futhark: 19

- Stellung im aett: 3:3

Mannaz/Man

- Bedeutung: Menschlichkeit; Zusammenarbeit

- Diese Rune symbolisiert sowohl die Menschheit als auch das Individuum. Sie steht für geistige Bereitschaft und Akzeptanz des menschlichen Zustands. Sie hat persönliche spirituelle und massenhumanistische (Menschen im Allgemeinen) Bedeutungen.

- Beschreibung: zwei hohe parallele vertikale Linien mit zwei kurzen

Verzweigungen, die ein X bilden und die obere Hälfte der vertikalen Linien miteinander verbinden; ähnelt zwei spiegelbildlichen lateinischen Ps.

- Buchstabenäquivalent/Laut: M

- Baum: Stechpalme

- Kraut: Krapp

- Edelstein: Granat

- Farbassoziationen: rot, silber

- Position im Futhark: 20

- Stellung im aett: 3:4

Lagu

- Bedeutung: See; Wasser

- Diese Rune steht für Wasser als Quelle tieferer Bedeutung und Intuition. Sie steht für das Unterbewusstsein, die Vorstellungskraft, Träume und zapft übersinnliche Kräfte an. Sie steht für vitale Lebensenergie als Quelle des Lebens und ist ein Symbol der Fruchtbarkeit.

- Beschreibung: hohe vertikale Linie mit einem kurzen, nach oben gerichteten und nach rechts abfallenden Ast; ähnelt einem klein geschriebenen lateinischen R(r).

- Buchstabenäquivalent/Laut: L

- Gott: Njord

- Baum: Weide

- Kraut: Lauch

- Edelstein: Perle

- Farbassoziationen: grün, schwarz

- Position im Futhark: 21

- Stellung im aett: 3:5

Ing

- Bedeutung: Ing; Fruchtbarkeit

- Der Gott Frey war bei den Dänen als der Held Ing bekannt. Ing war für seine sexuellen Fähigkeiten bekannt. Diese Rune steht für die männliche sexuelle Energie und die gespeicherte Energie. Sie wird mit dem schöpferischen Funken, der Energie und der Trächtigkeit in Verbindung gebracht.

- Beschreibung: vier kurze Äste verbinden sich an jedem Ende und bilden ein Parallelogramm, eine Raute; eine Variante dieser Rune erscheint als zwei gestapelte X, die aus dem angelsächsischen Futhark übernommen wurde; ähnelt einem spitzen lateinischen O.

- Buchstabenäquivalent/Laut: Ng

- Gott: Ing/Frey

- Baum: Apfel

- Kraut: Enzian

- Edelstein: Bernstein

- Farbassoziationen: gelb, braun

- Position im Futhark: 22

- Stellung im aett: 3:6

Daeg

- Bedeutung: Tag; Hoffnung, Erleuchtung

- Daeg steht für die Sicherheit im Licht im Gegensatz zur Unsicherheit der Dunkelheit. Es steht in Verbindung mit Bewusstsein und Erleuchtung, mit mystischem Erwachen und auch mit der eher weltlichen Vorstellung, dass die Morgendämmerung wiederkommen wird.

- Beschreibung: zwei hohe parallele vertikale Linien mit zwei langen Verzweigungen, die ein X bilden, das den oberen Teil der linken vertikalen Linie mit dem unteren Teil der rechten vertikalen Linie und den unteren Teil der linken vertikalen Linie mit dem oberen Teil der rechten vertikalen Linie verbindet; ähnelt zwei spiegelbildlichen lateinischen Ds.

- Buchstabenäquivalent/Laut: D

- Baum: Fichte

- Kraut: Muskatellersalbei

- Edelstein: Diamant

- Farbassoziationen: blau, gelb

- Position im Futhark: 23

- Stellung im aett: 3:7

Odhal

- Bedeutung: Haus; geerbter Besitz

- Diese Rune steht für die Macht und das Erbe der Ahnen. Sie steht in Verbindung mit dem Zuhause und der Häuslichkeit. Sie ist die Verkörperung von "Zuhause ist, wo das Herz ist".

- Beschreibung: Vier kurze Äste bilden ein Parallelogramm in Form einer Raute, zwei kurze Äste bilden "Beine", die vom tiefsten Punkt der Raute aus nach links und rechts abgewinkelt sind; ähnelt einem lateinischen X mit spitzem Dach.

- Buchstabenäquivalent/Laut: O

- Baum: Weißdorn

- Kraut: Klee

- Edelstein: Rubin

- Farbassoziationen: dunkelgelb, braun

- Position im Futhark: 24

- Stellung im aett: 3:8

Runen erhalten eine zusätzliche Bedeutung, wenn sie auf dem Kopf stehen oder wenn sie vor oder nach einer anderen Rune erscheinen. In den nächsten Kapiteln werden wir diese zusätzlichen Bedeutungen von Runen beim Gießen und Wahrsagen untersuchen.

SECHSTES KAPITEL: RUNENMAGIE

Die Herstellung von Zaubersprüchen und Amuletten mit Runen ist ein Versuch, die Magie der Nornen anzuzapfen und Einfluss auf Ihr Schicksal zu nehmen. Diese Praktiken unterscheiden sich von der Wahrsagerei, bei der die Runen Antworten auf Fragen geben, die dir helfen können, dein Schicksal zu verstehen und zu erfahren.

Bevor du einen Talisman oder Runenzauber erstellst, nimm dir Zeit, die Runen zu lernen und dich mit ihnen vertraut zu machen. Prägen Sie sich ihre Namen und Bedeutungen ein. Erstelle Bilder von den Runen in deinem Kopf und atme ihre Namen ein. Wenn du Runen liest und schreibst, ist es wichtig, ihre Bedeutung zu verstehen. Erinnere dich daran, dass Runenmeister die Kunst und das Verständnis der Runen gut beherrschen mussten, damit sie nicht unwissentlich Schaden anrichteten. Seien Sie vorsichtig, vor allem, wenn Sie neu in den heidnischen Religionen sind oder sich zum ersten Mal mit der Wahrsagerei befassen. Es gibt einen Grund, warum die Runen bis in die Neuzeit fortbestehen, und das liegt nicht an ihrem Aspekt der Schriftsprache. Seien Sie sich dieser Energien bewusst.

Amulette

Die einfachste Art, Runenmagie zu betreiben, ist ein Amulett. Amulette können für die eigene Person oder für größere Bereiche bestimmt sein, z. B. für den Ort, an dem man das Runenwerfen praktiziert, einen Altar, einen Arbeitsbereich oder das eigene Zuhause. Persönliche Amulette sind traditionell ein Schmuckstück, das eine Leitrune trägt. Diese Praxis ist nicht unähnlich den germanischen Kriegern, die Tiwaz in ihre Schwerter eingravierten. Sie benannten das Schwert nicht nach Tyr, sondern riefen die Energien von Tyr an, um Stärke und Ehre auf dem Schlachtfeld zu erlangen. Wenn Sie die Absicht der Rune in ein Schmuckstück einprägen, übertragen sich diese Energien auf Sie, wenn Sie das Amulett t ragen.

Wenn du dich mit dem Alten Futhark vertraut machst, wirst du vielleicht feststellen, dass dir bestimmte Runen häufiger erscheinen als andere. Die Bedeutungen dieser Runen sprechen dich auf einer persönlichen Ebene an, die von den anderen Runen nicht berührt wird. Denken Sie über Ihr Verständnis dieser Runen nach. Sie müssen vielleicht deine ersten Amulette sein.

Du wirst feststellen, dass verschiedene Amulette zu verschiedenen Zeiten getragen werden müssen. Es kann sein, dass du die Energie einer bestimmten Rune zu bestimmten Zeiten besonders gut brauchst. Vielleicht wirst du feststellen, dass das Tragen von Ur dich durch eine körperliche Tortur bringt, wie z. B. einen Marathon zu laufen; oder dass Ing dich durch eine stressige Wartezeit beruhigt; wenn du ein nervöser Reisender bist, brauchst du vielleicht Raidho.

Amulette können als Anhänger um den Hals getragen werden, als Charms an einem Armband oder als Ringe. Nicht jeder fühlt sich wohl dabei, Schmuck zu tragen oder Symbole in seinem Schmuck zur Schau zu stellen. Amulette müssen nicht getragen werden, sondern können mit sich geführt werden. Amulette, die an einem Schlüsselring befestigt sind, oder ein Runenstein oder eine Daube, die man in der Tasche mit sich herumträgt, sind eine gute Möglichkeit, das Amulett in der Nähe zu haben.

Amulette müssen nicht zwangsläufig klein sein. Für größere Räume eignen sich Wandbehänge, bei denen größere Stücke mit Runen mit regionalen Stoffen oder bemalten Wandteppichen kombiniert werden.

Wenn Sie kunsthandwerklich begabt sind, können Sie Ihre eigenen Amulette herstellen. Befolgen Sie die gleichen Anweisungen wie bei der Herstellung eines Runensets mit Holzscheiben, aber bohren Sie oben in der Mitte der Holzscheibe ein Loch und fügen Sie einen Sprengring hinzu, so dass Sie aus einem Runenstab einen Anhänger machen können. Um einen Runenstein aus Glas in ein Amulett zu verwandeln, kleben Sie den Glaskiesel in einen Rahmen mit einer Lünette und einem Bügel. Befolgen Sie die gleichen Reinigungs- und Vorbereitungsschritte, die im Kapitel über das Herstellen eigener Runen beschrieben sind, wenn Sie sich dafür entscheiden, Ihre eigenen Runen herzustellen. Denken Sie daran, den Mächten der Runen im Austausch für ihre Weisheit etwas zu opfern.

Reinigen Sie jeden Runenschmuck und jedes Amulett, das Sie kaufen. Reinige es von den Energien des Schöpfers, bevor du es in deinem Raum zur Schau stellst. Du möchtest, dass deine Rune mit deiner Energie in Resonanz geht und nicht mit dem, was im Leben des Künstlers vor sich ging, als er dein neues Amulett erschuf. Dasselbe gilt, wenn du ein Amulett für jemanden kaufst. Diese Person kennt sich vielleicht nicht mit der Reinigung von Energien aus und weiß nicht, dass sie davon beeinflusst werden kann. Ein guter Grundsatz ist, magische Energiegeschenke immer zu reinigen und den Gegenstand dann so wenig wie möglich zu berühren.

Runen binden

Bindungsrunen sind genau das, wonach sie klingen, nämlich das Binden von Runen: die Kombination von zwei oder mehr Runen zu einem machtvollen Talisman. Bindungsrunen gibt es, seit es Runensteine gibt. Die meisten frühen Beispiele für Bindungsrunen scheinen Namen gewesen zu sein, nicht unähnlich dem Bluetooth-Logo. Dieses Logo ist ein Beispiel für eine gestapelte

Bindungsrune, bei der Runen aus dem Jüngeren Futhark verwendet wurden, um ein neues Symbol für den Namen Bluetooth zu schaffen. Dies geschah absichtlich, da die Bluetooth-Technologie nach Harald Bluetooth benannt wurde und von der Möglichkeit der Kommunikation über große Entfernungen inspiriert wurde, die Runensteine in der Wikingerzeit boten.

Gestapelte Bindungsrunen sind eine Kombination und Schichtung von Runen, so dass sie denselben Raum einnehmen und eine neue Form bilden. Durch die Kombination und Neugestaltung der Form auf diese Weise werden die Energie und die Absicht der Runen miteinander verbunden, anders als bei Lesungen, bei denen die Reihenfolge und Position einer bestimmten Rune die Interpretationen der anderen Runen beeinflusst.

Wenn man Lagu über Isa legt, entsteht eine Bindungsrune für gute Gesundheit. Raiho und Naudhiz verbinden sich zu einer Rune für sichere Reisen. Die Freude von Wunjo und das Geschenk von Gebo verbinden sich zu einer gebundenen Rune der Liebe. Es gibt viele Beispiele für bereits geschaffene Bindungsrunen. Viele verbinden die Runen auf eine Weise, die etwas weniger geradlinig ist, als eine Rune über die andere zu legen. Durch die Kombination von Ansur und Gebo entsteht ein Glückssymbol. Die hohe Vertikale von Ansur ist nach rechts abgewinkelt und wird zu einem der Querbalken des X von Gebo. Eine schnelle Internetrecherche wird viele Beispiele liefern. Wenn Sie über Ihre Bedürfnisse und die Bedeutung der Runen nachdenken, können Sie Ihre eigenen kombinieren.

Gleichstabige Bindungsrunen bauen auf derselben zentralen hohen vertikalen Linie auf. Die Runen sind übereinander gestapelt, und wenn möglich überschneiden sich die Linien und bilden eine neue Form. Ein Beispiel für eine gleichstufige Rune findet sich auf dem Kylver-Stein am Ende des Futharks. Diese Rune ist eine Kombination aus mehreren Tiwaz- und Ansur-Runen, die eine Schutzrune bilden.

Überlegt euch, welche Eigenschaften ihr in eurer Bindungsrune kombinieren wollt. Wenn du mehr als zwei Runen brauchst, wird die Form vielleicht am besten aus einer Bindungsrune mit gleichen Stäben oder einer radialen Bindungsrune gebildet.

Radiale Bindungsrunen sind ein Muster, bei dem die vertikalen Linien einer Runensammlung sich zu einer zentralen Verbindung ausdehnen; die Runen gehen strahlenförmig von einem einzigen Punkt aus (nicht unähnlich den Speichen eines Rades). Diese Form der Runen ähnelt den isländischen Dauben - zentral ausgerichtete Siegel. Isländische Dauben sind keine traditionellen Runenformen, da sie erst weit nach der Wikingerzeit in den historischen Aufzeichnungen auftauchen. Obwohl es sich nicht um eine traditionelle Runenform handelt, haben diese Radialrunen Eingang in die heutige Praxis gefunden. Wenn Ihre Intuition Sie zu radialen Formen führt, folgen Sie der Führung der Runen.

Wie bei allen Runenpraktiken solltest du bei der Gestaltung deiner Bindungsrunen in deiner Arbeit präsent sein. Konzentriere dich auf die Absicht deiner Bindungsrune, wenn du auswählst, welche Runen du einbindest. Wenn du Runen erstellst, um kombinierte Energien nutzbar zu machen, musst du auf deine Intuition und dein "Bauchgefühl" hören. Wenn sich die Energien einer Bindungsrune nicht richtig anfühlen, versucht etwas, dich zu warnen, dass die Kombination nicht funktioniert. Zerstöre die Rune, die du geschaffen hast, denke über das gewünschte Ergebnis nach und versuche es erneut.

Zaubern

Anders als die Schutz- oder Energierufe einer Bindungsrune sind Runenschriften Botschaften an die Nornen und die leitenden Energien unserer Lebensrichtungen. Durch das Schreiben wird ein Konzept ins Leben gerufen. Es existiert jetzt auf einer Oberfläche (sei es Papier oder Stein). Etwas aufzuschreiben macht es zwar nicht real, aber es dient definitiv als Absicht, damit diese Idee im Universum real wird.

Runen waren ein Werkzeug des Schicksals, denn die Nornen nutzten Runen, um das Leben der Menschen in den Neun Reichen zu lenken und die Gesundheit und das Wohlergehen von Yggdrasil zu steuern. Durch die Kombination der Absichten des Schreibens und der richtungsweisenden Kräfte des Schicksals, die den Runen innewohnen, entsteht ein Skript, das den Mächten des Schicksals und den Energien des Universums eine gewünschte Veränderung oder ein gewünschtes Ergebnis ankündigt.

Ähnlich wie beim Aussprechen von Absichten schafft das Schreiben von Runen mehr als nur Wünsche. Sie werden zu Richtlinien für die Ebbe und Flut der Energien, die dich umgeben. Ihr Lebensweg, Ihr Schicksal, ist keine konstante, lineare Linie, die sich in eine einzige Richtung bewegt, es gibt Drehungen und Wendungen. Durch das Gießen von Runen können Sie den kontrollierenden Kräften mitteilen, welche Wendungen Sie einschlagen möchten.

Diese Skripte sollten immer mit positiven Absichten erstellt werden, damit das Schicksal nicht grausam ist und mit negativen Absichten auf einen zurückschlägt. Diese Skripte sollten vorübergehend und nicht buchstäblich in Stein gemeißelt sein. Da es sich um schriftliche Botschaften handelt, ist es wichtig, die Bedeutung der verwendeten Runen zu verstehen und wie sie sich gegenseitig beeinflussen, wenn sie zusammen verwendet werden.

Haben Sie bemerkt, dass das Thema, die Runen zu kennen und ihre Bedeutung zu verstehen, immer wieder auftaucht, wenn es darum geht, sie zu benutzen? Bitte verbringt Zeit damit, die Absichten und Bedeutungen der Runen zu erforschen, zu lesen und zu meditieren, bevor ihr ihre Energien für Wahrsagerei und Magie einsetzt.

Kleine Zauberschriften bestehen aus einer Sammlung von Runen, nicht unähnlich der Art und Weise, wie man in der Wahrsagerei Bedeutungen lesen würde.

Es handelt sich dabei nicht um ein Rezept oder eine Prosa, die mit Runen als Buchstabenformen verfasst wurde. Sie buchstabieren keine Wörter mit Runen als Ersatzalphabet. Du kombinierst Konzepte und Bedeutungen, nicht anders als bei einer Bindungsrune. Nur werden hier keine Formen zu einem neuen Design kombiniert, sondern es wird buchstabiert (im wörtlichen und übertragenen Sinne).

Vergängliches Naturmaterial eignet sich am besten für Drehbücher. Sie vereinen die Eigenschaften, im Hier und Jetzt zu sein, sind aber auch nicht dauerhaft, genau wie die Energien, die du anziehst. Wie bei den Runenstäben und -steinen gilt: Je näher an der Natur und dem Weltenbaum, desto stärker sind die Energien: Blätter, Rinde, Papier.

Nachdem du über den Zweck deiner Runenschrift nachgedacht hast, entscheide, welche Sammlung von Runen für deinen Zweck am besten geeignet ist. Sammeln Sie Ihre Materialien und verfassen Sie Ihre Schrift. Malen oder schreiben Sie Ihre Schrift. Es gibt keine festen Formeln, da jeder Zauberspruch spezifisch und persönlich ist.

Tragen Sie Ihr Skript ein paar Tage bei sich. Vielleicht haben Sie das Bedürfnis, Ihr Skript in einem vollen Sonnenzyklus aufzuladen, bevor Sie es bei sich tragen. Nach ein paar Tagen gibst du die Schrift durch Verbrennen wieder an das Universum ab. Atmen Sie die Namen der Runen ein und lassen Sie sie gehen.

Skripte können für viele Zwecke verfasst werden, z. B. um Erfolg für ein Vorstellungsgespräch oder die Liebe anzuziehen. Es gibt keine universellen Erfolgs- oder Liebeszauber. Die Energien, die Sie besitzen, und die Energien, die Sie suchen, unterscheiden sich von Mensch zu Mensch und von Erwartung zu Erwartung.

Um beispielsweise eine weibliche Liebe anzuziehen (sei es die einer Frau oder der nährende Aspekt der weiblichen Energie), könnten Sie Wunjo für Glück, Gebo für das Geschenk eines anderen, Eoh für Partnerschaft und Feoh in Betracht ziehen, um die Potenz der vorherigen Runen zu erhöhen und gleichzeitig die weibliche Energie hereinzubringen. Für einen ähnlichen Zauber, bei dem männliche Energie oder ein Mann benötigt wird: Wunjo, Gebo, Ur, Eoh. Indem man Eoh nach Ur setzt, bindet man die rohe männliche Energie in die Partnerschaft ein.

KAPITEL SIEBEN: WAHRSAGEN UND RUNENLESEN

Wahrsagerei ist die Suche nach dem Sinn aus mystischen Quellen. Das Lesen von Runen ist ein Versuch, dieses Wissen aus denselben Quellen zu gewinnen, die den Weltenbaum und den Brunnen des Wyrd speisten - die Quelle der ursprünglichen Runen. Die Suche nach Wissen aus den Runen ist eine Frage an die Quelle des Universums. Beim Wahrsagen mit Runen geht es mehr um Erleuchtung und Führung als um die Vorhersage der Zukunft.

Die Runen verstehen

Wenn man Runen für Magie und Energiearbeit verwendet, liest man sie nicht linear. Sie können zwar als eine Art Alphabet dienen, wobei jede Form einen Laut oder einen Teil der Sprache darstellt, aber das ist für diesen Zweck nicht der Fall.

Sie müssen nicht nur die Grundbedeutung der einzelnen Runen verstehen, sondern auch ihre Platzierung in Bezug zueinander.

Beim Ziehen von Runen für eine Lesung oder beim Werfen von Runen muss letztlich die Position in die Gesamtdeutung einbezogen werden. Runensätze sollten einseitig angelegt werden, damit immer nur eine Richtung für das Symbol entsteht. Eine verdeckte Rune hat genau die gleiche Bedeutung wie eine aufgedeckte Rune. Drehen Sie die Rune einfach um, damit sie nach oben zeigt. Heben Sie die Figur beim Umdrehen von links nach rechts (oder von rechts nach links), nicht von oben nach unten (oder von unten nach oben). Das führt zu einer Umkehrung oder zu einem Merkstave und verändert die Bedeutung der Lesung völlig.

Erscheint eine Rune auf dem Kopf stehend, wird dies als Merkstave bezeichnet und weist auf eine Umkehrung oder Umdeutung der ursprünglichen Bedeutung hin. Merkstave hat nicht unbedingt eine negative Konnotation. Bei der Rune Thorn kann Merkstave auf das Überwinden von Barrieren hinweisen, was eine positive Interpretation sein kann. Acht der Runen haben keine Merkstave-Position.

Wenn eine Rune auf der Seite liegt und die Vorderseite nach oben zeigt (z. B. Beorc, bei dem die Rückseite der Form flach liegt und die beiden Punkte nach oben zeigen), drehen Sie sie einfach in ihre normale rechte Leseposition. Wenn das Runensymbol jedoch auf der Seite liegt und die Vorderseite nach unten zeigt (z. B. Beorc, bei dem die Rückseite der Form flach liegt und die beiden Punkte nach unten zeigen), drehen Sie die Rune in ihre Merkstave-Ausrichtung. Dieses Problem tritt häufiger auf, wenn du Runen wirfst oder wenn dein Runenset aus symmetrischen Formen ohne offensichtliche vertikale Ausrichtung besteht.

Interpretationen

Feohs Interpretation von Reichtum kann auf die Fülle der vorherigen Rune/n in einer Anlage hinweisen. In der Merkstave-Position kann es als Verlust gedeutet werden.

Ur bringt die Potenz ein, und die Reihenfolge der Platzierung kann die vorherige Rune verstärken. In merkstave kann es als fehlgeleitete Sturheit oder negative Gesundheit interpretiert werden.

Thorn zeigt Verteidigung an, und es bringt Stärke im Verständnis zu den vorherigen Runen. In merkstave kann es ein Einreißen von Barrieren oder einen Verrat anzeigen.

Ansur ist Kommunikation. In einer Position, die anderen Runen folgt, bringt sie Klarheit über das Verständnis der vorherigen Runen. In der Merkstave zeigt sie Missverständnisse und Manipulation an.

Raidho steht für die Reise. In Anlehnung an andere Runen kann es ein Hereinholen dieser Energien bedeuten. In merkstave zeigt es eine Unterbrechung an.

Kenaz ist Wissen. Wenn sie nach anderen Runen platziert wird, kann sie auf die Notwendigkeit hinweisen, diese Runen aus einer anderen Perspektive neu zu interpretieren, also mit einem kreativen Auge zu betrachten. In merkstave zeigt sie einen Mangel an vorausschauendem Denken oder einen Verlust an Intuition a n.

Gebo ist ein Geschenk. Im Anschluss an andere Runen, kann es eine Fülle von diesen Energien anzuzeigen. Es hat nicht eine merkstave Position.

Wunjo ist Freude, es bringt eine glückliche positive Interpretation, wenn nach anderen Runen platziert. In merkstave, ist es Traurigkeit.

Hagalaz stellt eine Störung dar. Er ist eine verändernde Kraft, egal wie er sich positioniert.

Naudhiz steht für Bedürfnisse. Wenn sie nach anderen Runen platziert wird, kann sie auf die Notwendigkeit hinweisen, darüber nachzudenken, wie die Energien und Eigenschaften der vorherigen Runen wünschenswert sind. Sie hat keine Merkstave-Position.

Isa bedeutet Stille, ein Innehalten. Wenn sie neben anderen Runen platziert wird, hält sie diese an ihrem Platz. Isa hat keine Merkstave-Position.

Bei **Gera** geht es um Timing. Sein Einfluss auf frühere Runen hat mit Timing und Reihenfolge zu tun und zeigt an, dass man auf die Reihenfolge des Handelns achten muss. Gera hat keine Merkstave-Position.

Eoh ist die Verbindung zur Spiritualität. Wenn sie nach anderen Runen platziert wird, kann sie ein Wiederauftauchen dieser Energien anzeigen. Obwohl sie technisch gesehen keine Merkstave-Position hat, kann sie negative, zerstörerische Bedeutungen haben.

Peorth ist die Rune des Glücks. Ihr Erscheinen nach anderen Runen kann darauf hindeuten, dass man das Risiko eingeht, das sie darstellen. In merkstave kann sie auf die negativen Aspekte des Glücksspiels, der Sucht, der mangelnden Planung und des Wahns hinweisen.

Eolh ist eine starke Schutzrune. Wenn sie neben anderen Runen platziert wird, kann sie die Kraft von deren Energien verstärken. In Merkstave kann sie für den Verlust der spirituellen Verbindung, versteckte Gefahren und Verletzlichkeit stehen.

Sowilo ist eine Rune für Freude und gute Gesundheit. Sie hat keine Merkstave-Position.

Tiwaz bringt Ehre. Es verleiht den Runen, nach denen es platziert wird, Stärke. In merkstave, kann es Analyse-Paralyse und Scheitern der Aktion darstellen.

Beorc ist eine Rune der Geburt. Sie bringt eine starke weibliche Energie der Pflege in die Runen, neben denen sie platziert ist. In Merkstave kann sie Verlust sowie Beziehungs- und Fruchtbarkeitsthemen darstellen.

Ehwaz steht für Partnerschaft und Vertrauen. Sie verbindet die Runen, neben denen sie erscheint, so dass ihre Energien im Tandem wirken. In Merkstave zeigt sie Misstrauen und Verrat an.

Mannaz ist die Rune der Menschlichkeit. Befindet sie sich in einer Position nach anderen Runen, geht es bei ihrem Einfluss um die Zusammenarbeit zwischen und mit den anderen Runen. In der Merkstave-Position steht sie für eine negative Voreingenommenheit gegenüber anderen, Arroganz und Enttäuschung.

Lagu ist mit Wasser und der Ebbe und Flut der natürlichen Strömungen verbunden. Wenn sie nach einer anderen Rune steht, hat sie einen lenkenden Einfluss. Wenn sie in der Merkstave-Ausrichtung erscheint, weist sie auf Manipulation und schlechtes Urteilsvermögen hin.

Ing kann plötzliche, kraftvolle Energie sein - es ist ein "Knall". In Verbindung mit anderen Runen kann sie auf eine dramatische Erscheinung und eine kreative Nutzung der Energie dieser Rune hinweisen. Für diese Rune gibt es keine Merkstave-Position.

Daeg bringt Hoffnung. Wenn sie in Verbindung mit anderen Runen verwendet wird, bringt sie ein Element der Gewissheit in deren Bedeutungen ein. Es gibt keine Merkstave-Orientierung.

Odhal ist die Rune des Erbes. In Verbindung mit anderen Runen kann sie eine Bedeutung von Dauerhaftigkeit haben. In merkstave steht sie für den Verlust von Freiheiten.

Denken Sie beim Lesen von Runen daran, dass ihre Aett-Position auch zu ihrer Interpretation führt. Freyas Aett zeigt Konzepte des Lebenszyklus an, Anfänge, Zusammenkommen und Enden. Im Aett von Hagal geht es um äußere Kräfte, um die Dinge, die sich unserer Kontrolle entziehen, während die Runen im Aett von Tyr die inneren Kräfte betreffen, die Dinge, die wir persönlich kontrollieren kö nnen.

Das Lesen der Runen

Ihre Intuition und Ihr Verständnis der Runen werden Sie zu der für den jeweiligen Moment richtigsten Deutung führen. Wenn du eine Lesung durchführst, solltest du ein spezielles Tuch für Lesungen vor dir ausbreiten. Stellen Sie keine Ja/Nein-Fragen. Runen sind keine magische Kugel, und sie geben keine eindeutigen Antworten. Sie werden Ihnen nicht sagen, dass Sie ein Zimmer rot statt gelb streichen sollen, aber sie können Sie ermutigen, zum Beispiel Jura oder Medizin zu studieren. Bitten Sie um Ratschläge für Situationen, Sorgen und Probleme, die Sie vielleicht gerade erleben.

Die wohl einfachste Art der Runenlesung ist das Ziehen eines einzelnen Steins. Einfache Fragen lassen sich gut mit einem einzelnen Stein lesen. Halten Sie den Beutel mit den Runen locker in der Hand. Konzentrieren Sie die Absichten und Energien Ihres Anliegens auf die Runen. Nach ein paar beruhigenden Atemzügen greifen Sie hinein und ziehen eine einzelne Rune. Lege die Rune vor dich hin. Konzentriere dich auf diese Rune und ihre Bedeutung. Wie hängt sie mit deiner Frage zusammen? Welche Kräfte stehen hinter der Rune? Verengen Sie Ihren Fokus und achten Sie auf Ihre Intuition.

Wenn Sie für eine andere Person lesen, lassen Sie diese die Tasche halten. Sie werden die Rune vor sich selbst platzieren. Die Ausrichtung der Rune zu ihnen ist die Art, wie sie zu lesen ist. (Wenn du ihnen gegenüber sitzt, wird die Rune in der Merkstave-Ausrichtung zu dir erscheinen.

Denken Sie daran, sie so zu lesen, wie sie ihnen erscheint.) Sie müssen ihre Frage kennen, um die Interpretation der Rune, die Sie erhalten, richtig zu verstehen. Wenn man dich bittet, eine blinde Deutung vorzunehmen, ohne die Art der Frage zu kennen, ist das ein Spiel, und das Beste, was du tun kannst, ist, ihnen eine Definition der Rune zu geben. Es wäre dann an ihnen, die Bedeutung der Rune für sich selbst zu interpretieren. Aber um wirklich von der Rune geleitet zu werden, müssen Sie in der Lage sein, die größeren Bedeutungen jeder Rune zu interpretieren. Die andere Person muss nicht mitteilen, was sie von den Runen erbittet, bis ihre Auswahl offenbart wurde.

Layouts für Lesungen

Eine Anordnung, die den Formen der Runenform folgt, zieht die überwältigende Energie der jeweiligen Rune an. Das Legen von Runen in einer allgemeinen Tiwaz-Form wird die Energie der Ehre und des richtigen Handelns im Konflikt mit Tyr anziehen. So kann deine Deutung in Richtung Selbstaufopferung für das größere Wohl der Situation gehen, um die es bei der Deutung geht. Peorth kann als die Rune des Schicksals betrachtet werden, aber da sie auch die Rune des Geheimnisses und des Glücksspiels ist, kann sie einen Aspekt des Chaos in Ihre Deutung einbringen.

Layouts mit der Zahl Drei als Basis zapfen die Energie der Runen am stärksten an. Der Brunnen des Wyrd war die göttliche Quelle des Wissens, in die Odin neun Tage lang starrte. Es gibt drei Nornen. Es gibt Neun Reiche.

Die Runen für diese Lesungen können auf einen kleinen Stapel geworfen und nach dem Zufallsprinzip ausgewählt werden, während man nach oben oder von den Runen weg schaut. Oder sie können direkt aus dem Beutel gezogen werden.

Es gibt zwei verschiedene Drei-Runen-Lesarten. Wie der Name schon sagt, handelt es sich um drei Runen. Bei der ersten Auslegung wird eine Spalte von oben nach unten erstellt. Die oberste/erste Position der ersten Rune steht für das *Hier* und *Jetzt*. Die zweite Rune wird unter der ersten platziert. Die Position der zweiten Rune steht für den *Weg*, auf dem Sie sich befinden. Die Position der dritten Rune am unteren Ende der Säule steht für das *Ziel/die Zukunft*.

Die zweite Drei-Runen-Anordnung ist von rechts nach links. Die erste Rune steht für einen *Überblick* über die Situation. Die zweite Rune, die sich links davon befindet, steht für eine *Herausforderung* oder ein *Problem*. Die dritte Rune wird links von der zweiten (jetzt mittleren) Rune platziert. Diese Rune steht für die

Vorgehensweise, und wie diese Rune mit den vorherigen Runen zusammenwirkt, gibt Aufschluss über die Gesamtaussage der anderen Runen.

Eine einfache Sechs-Runen-Lesung entspricht der oben erwähnten ersten Drei-Runen-Lesung, aber die Runen werden paarweise gelesen. Die ersten beiden Runen werden nebeneinander in der oberen Hier/Jetzt-Position platziert. Das zweite Paar wird in der Weg-Position platziert. Und die letzten beiden in der unteren Ziel-/Zukunftsposition. Die Kombination der Paare bietet eine zusätzliche Informationsebene zur Interpretation.

Eine andere Variante dieses Layouts ist ein Neun-Runen-Legen. Wählen Sie jeweils drei Runen für die drei Positionen *Hier/Jetzt*, *Weg* und *Ziel/Zukunft*. In den Dreiergruppen wirkt sich jede Rune auf die anderen in ihrer Gruppierung aus. Diese Variante ermöglicht eine tiefer gehende Interpretation der leitenden Energien der Runen.

Dieses einfache Kreuz, das manchmal auch als Odinkreuz bezeichnet wird, besteht aus fünf Runen. Sie beginnt mit einer einzigen Rune, die zum Mittelpunkt des Kreuzes wird. Diese erste Rune steht für die *Gegenwart*. Die zweite Rune wird links daneben platziert, in der Position der *Vergangenheit*. Die dritte Rune wird rechts von der *gegenwärtigen* Rune platziert, in der Position der *Zukunft*. Die vierte Rune wird unterhalb der *mittleren/gegenwärtigen* Rune platziert. In dieser Position steht sie für ein *Hindernis* für das, was abgefragt wird. Die letzte Rune wird oberhalb der *mittleren/gegenwärtigen* Rune in der Hilfsposition platziert.

Das Legesystem "Thors Hammer" ist ein Neun-Runen-Legesystem. Die neun Positionen dieses Legesystems offenbaren persönliche Wahrheiten. Die erste Rune befindet sich an der Basis des Legesystems und stellt das Gesicht dar, das du der Welt zeigst. Die zweite Rune befindet sich eine Reihe darüber und auf der linken Seite. Sie offenbart deine inneren Ängste. Rune drei, die in der zweiten Reihe und rechts von der Mitte platziert ist, steht für das, was du suchst. Die vierte Rune befindet sich eine Reihe höher als die Runen zwei und drei, ist aber direkt auf die erste Rune ausgerichtet. Sie gibt die Richtung vor, in der man sich dem

Lesen nähern soll. Die fünfte Rune befindet sich direkt über der vierten Rune. Sie gibt Aufschluss darüber, was Sie zu werden hoffen. Die Runenpositionen fünf bis neun bilden ein Kreuzmuster, wobei die Positionen sieben und neun auf die Runen eins, vier und fünf ausgerichtet sind.

Die sechste Rune, eine Reihe darüber und links von der Mitte, befasst sich mit den Kräften, die deinen Fortschritt behindern. Die siebte Rune befindet sich in der Mitte der gleichen Reihe und ist dein Schicksal. Die achte Rune befindet sich rechts von der siebten Rune und befasst sich mit dem, was Sie lernen müssen, um Ihr wahres Selbst zu finden. Die neunte und letzte Rune befindet sich oben in der Mitte. Sie steht für dein wahres Selbst. Wie du aus den Bedeutungen der neun Positionen ersehen kannst, gräbt dieses Legesystem tief in das Selbst und die Psyche.

Die Legesysteme können sich auch an denen orientieren, die für das traditionelle Tarot-Kartenlegen verwendet werden. Ihre Interpretationen der Runen für verschiedene Legesysteme werden je nach Komplexität des Layouts komplexer sein.

Das Werfen der Runen lässt die Lesung für eine viel persönlichere Interpretation offen. Anders als bei einem geführten Legesystem, bei dem jede Position eine Bedeutung hat, ist das freie Legen der Runen offen für das, was Ihre Intuition Ihnen sagt. Ihre Interpretation kann Ihnen sagen, dass Runen, die mit dem Gesicht nach unten liegen, nicht in die Deutung einbezogen werden sollen.

Achte darauf, welche Runen in der Merkstave-Position landen, und welche nicht ganz merkstave oder nicht ganz aufrecht sind. Achten Sie darauf, welche Runen sich berühren oder in Gruppen angeordnet sind. Es gibt keine bestimmte Reihenfolge, in der die Runen gelesen werden müssen, das musst du selbst herausfinden.

Wenn Sie Lesungen für andere durchführen, müssen sich die Runen auf deren Energien einstimmen. Achten Sie darauf, Ihre Runen zwischen den Lesungen regelmäßig zu reinigen, wenn möglich. Sie wollen nicht, dass eine Person einen überwältigenden Energierückstand hinterlässt, der alle nachfolgenden Lesungen beeinflussen könnte. Die dominierende Energie deines Runensatzes sollte von dir stammen. Je vertrauter du mit der Verwendung von Runen und dem Umgang mit deinen persönlichen Runensets wirst, desto eher wirst du spüren, wenn deine Runen einen Makel oder Rückstände einer anderen Energiequelle aufweisen.

LETZTE WORTE

Danke, dass Sie es bis zum Ende dieses Buches geschafft haben. Ich hoffe, es hat Ihnen Spaß gemacht, die Grundlagen der Runen, ihre lange Geschichte und ihre vielfältigen Einsatzmöglichkeiten kennenzulernen.

Wenn Sie mehr erfahren und tiefer in die Welt der Runen und der nordischen Mythologie eintauchen möchten, sind Übersetzungen der *Poetischen Edda* und der alten Runengedichte aus verschiedenen Quellen online verfügbar. Beachten Sie, dass es sich bei den online verfügbaren Versionen um Übersetzungen von Übersetzungen handelt, und dass die Originaltexte höchstwahrscheinlich von Mönchen verfasst wurden. Während das ursprüngliche Gedicht - die vorchristliche, mündlich überlieferte Version - also keine christlichen Bezüge aufweist, könnten die Übersetzungen solche enthalten.

Wenn Sie etwas über religiöse/magische Traditionen lernen und mit ihnen arbeiten, denken Sie bitte daran, dies in einer respektvollen Weise zu tun. Die Runen gehören zu den Göttern der Alten Welt, deren Praktiken und Traditionen sich im Laufe der Jahrhunderte verändert haben. Seien Sie also achtsam mit dem, was wir über ihre ursprünglichen Absichten und Zusammenhänge wissen. Wenn Sie mehr über die Runen lernen, werden Sie Ihre eigene Weisheit in Bezug auf ihre Bedeutungen erlangen.

www.ingramcontent.com/pod-product-compliance
Lightning Source LLC
Chambersburg PA
CBHW070927120626
46546CB00004B/1365

* 9 7 8 1 9 6 3 8 1 5 9 3 1 *